SIMPLES NOTIONS

D'ÉCONOMIE

POLITIQUE & SOCIALE

PAR

Edouard L'HOTE

ANCIEN INSPECTEUR PRINCIPAL DES DOUANES

PARIS
Ch. Gaulon, libraire.
16, rue de Savoie.

BOURG
A. Milliat, éditeur.
17, rue des Bons-Enfants.

1877

SIMPLES

NOTIONS D'ÉCONOMIE

POLITIQUE & SOCIALE

SIMPLES NOTIONS

D'ÉCONOMIE

POLITIQUE & SOCIALE

PAR

Edouard L'HOTE

ANCIEN INSPECTEUR PRINCIPAL DES DOUANES

PARIS	BOURG
Ch. Gaulon, libraire.	A. Milliat, éditeur.
16, rue de Savoie.	17, rue des Bons-Enfants.

1877

SIMPLES NOTIONS

D'ÉCONOMIE POLITIQUE

ET SOCIALE

———

L'économie politique est une science relativement nouvelle, car elle n'a guère été formulée en doctrine que vers la fin du xviiie siècle.

Cette science embrasse principalement tout ce qui a rapport au développement de la production du sol, du commerce et de l'industrie, comme aussi à la répartition des richesses publiques. Elle consacre, d'un autre côté, ses études aux questions de crédit, de banques, de chemins de fer, de navigation, de canaux, de voies vicinales, et vise en même temps à la solution des questions plus hautes de paupérisme, de travail, d'éducation religieuse et morale, de bien-être, d'instruction :

toutes questions qui intéressent particulièrement la vie sociale des peuples. L'économie politique, en un mot, est la science de l'administration matérielle et morale des nations ; c'est donc une science fort complexe, et dont il n'est permis à personne aujourd'hui d'ignorer les éléments constitutifs, chacun pouvant à un moment donné, sous un régime qui a pour base le suffrage universel, être appelé à en appliquer les principes. Nous essaierons d'en vulgariser ici les notions les plus exactes et les plus élémentaires, en les rattachant surtout aux intérêts positifs dont se préoccupe avec raison notre époque de labeur, de lutte et de concurrence ; mais, pour commencer, il est bon d'introduire un peu d'histoire dans les débuts d'une étude qui touche à tant de points divers avant d'arriver à réaliser ce que lui demande l'homme civilisé, c'est-à-dire, l'ordre, le travail, le bien-être et le bonheur.

Les peuples méridionaux qui sont sobres, plus clair-semés que ceux du nord,

et à qui suffisent souvent pour nourriture
les plus simples produits d'un sol naturellement fécond, réchauffé par les rayons
d'un soleil vivifiant, ayant par conséquent
moins de besoins, les peuples méridionaux n'ont pas senti la nécessité de formuler en corps de doctrine la science
économique. Aussi est-ce dans les pays
septentrionaux que l'économie politique a
pris naissance, en Allemagne, en Angleterre, en Ecosse, dans ces sévères contrées,
où des populations innombrables vouées
dès leur berceau à la misère, mal nourries
par un sol avare, souffrantes du froid
comme de la faim, ont fait retentir de
leurs cris désespérés les échos de leurs
cités, de leurs vallées, de leurs montagnes,
et ont ainsi déterminé les gouvernements
à s'occuper d'elles. C'est ainsi que les
penseurs, les philosophes, les grands te-
nanciers, les gros industriels, les administrateurs, les hommes d'Etat, en sont ve-
nus à chercher les moyens théoriques
d'abord, puis enfin pratiques, de calmer,
d'adoucir tant de souffrances. L'économie

politique part donc d'un sentiment chrétien, puisque c'est l'apaisement donné par la charité des classes intelligentes et éclairées aux besoins, aux douleurs des classes déshéritées.

Les éléments d'économie politique de l'allemand Fekendorf eurent une grande réputation, lors de leur apparition. Après lui vinrent Sartorius, Wolf et Justi, écrivains qui répondent à ce qu'ont été en Angleterre : Adam Smith, Malthus, Cobden ; en France : Quesnay, François Neufchâteau et Jean-Baptiste Say. Plus près de nous, les écrits de Michel Chevalier, de Blanqui, de l'audrillard, de Courcelle-Seneuil, de Leroy-Beaulieu, de Ferrier, Amé, Chemin Dupontès et autres, ont répandu sur le côté applicable et pratique de la science des richesses une vive lumière. En dernier lieu, les lectures d'économie politique rationnelle de Mathieu Wolkoff se distinguent par une méthode excellente, où sont abordées successivement avec hardiesse, et résolues avec éclat, les questions les plus ardues et les

plus importantes : propriété, utilité et valeur, produits et richesses, moyens de
production, travail et salaire, capital et
intérêt, distribution des industries, offre
et demande, etc., etc.

Mais si l'on veut remonter aux origines
primitives de l'économie politique, il importe de rappeler que ce fut au xvi⁰ siècle
que les Chambres administratives furent
constituées ɔn Allemagne, où l'empereur
Maximilien Iᵉʳ fonda, en 1498, le plus ancien de ces colléges. Aujourd'hui, ces
Chambres de commerce fonctionnent dans
tout le nord de l'Europe, mais sous différents titres. L'Electeur Auguste de Saxe,
premier du nom, se distingua par des
éliorations de ce ge..re. Ce prince établit
des routes et des canaux, créa des écoles
de commerce, et nomma un professeur de
science administrative et politique à l'université do Leipsick. Il était, du reste, grand
partisan du système protecteur et prohibitif, ce qui so conçoit, en raison de la
situation générale dans laquelle se trouvait
alors l'Europe, encore dominée par le *cha-*

cun chez soi, *chacun pour soi*, des abso-
lutistes et des féodaux.

Les applications de la science économique ne tardèrent pas à démontrer que
ceux qui étaient chargés de les propager
devaient recevoir une éducation particulière et que ce n'était pas trop de toute une
vie pour étudier les arcanes de la production, des échanges, des tarifs, de l'offre et
de la demande. Guillaume, père de Fré-
déric II, fonda donc, en 1727, dans les
universités de Hall et de Francfort, des
chaires pour l'enseignement spécial des
sciences administratives. Cet exemple fut
suivi dans d'autres universités allemandes,
et l'administration, de même que l'agriculture, le commerce et l'industrie, y ga-
gnèrent. Un nouvel essor fut ainsi donné
au travail humain et à l'étude de ses résultats économiques.

La fondation des compagnies d'assuran-
ces contre l'incendie, celle des caisses hypothécaires datent aussi de cette époque.
Justi, dont nous avons déjà prononcé le
nom, et *Bergius*, exposèrent les principes

qui régissent ces établissements et les associations ou syndicats formés par les propriétaires du sol, pour faciliter les emprunts hypothécaires au moyen d'une garantie mutuelle. C'est de là que naquirent plus tard les associations du Crédit foncier, du Crédit agricole, du Crédit industriel. *Sonnefels* jeta à son tour une nouvelle lumière sur toutes ces questions. *Ses principes de la police, du commerce et des finances,* publiés dès 1765, sont encore consultés aujourd'hui par les publicistes, les administrateurs et les écrivains économistes, quand ils veulent élucider certains points obscurs ou douteux d'une science dont les données ne sont pas toujours certaines, mais qui progresse incessamment.

Les *Tableaux économiques* de Quesnay; le *Traité de la population* de Riquetti; l'*Ordre naturel et essentiel des sociétés politiques* de Mercier La Rivière, ont été traduits en langue allemande, commentés, admis et rejetés tour à tour. Une cohorte nombreuse de spécialistes ardents ont combattu ou fait l'apologie de ces doctrines dont, en définitive, l'allemand Sartorius et l'écossais Adam Smith sont demeurés les deux plus illustres représentants. La richesse des nations et le manuel d'économie politique peuvent être encore considérés, à l'heure qu'il est, comme ayant posé les bases les plus essentielles d'une théorie qui a pris rang parmi les connaissances les plus utiles à l'humanité et dont les principes, de plus en plus affirmés et répandus, paraissent devoir régler désormais les rapports commerciaux et internationaux des peuples civilisés.

L'économie politique, en un mot, longtemps enveloppée des langes de l'empirisme et des formes spéculatives propres au génie allemand, s'est, on le voit peu à peu, dégagée des raisonnements *à priori*, des conséquences plus ingénieuses que positives de certains doctrinaires, pour devenir entre les mains des hommes politiques, des administrateurs, des professeurs pratiques, une véritable science sociale, se rattachant étroitement au gouvernement des Etats et au bien-être général de l'homme vivant en société.

Au nombre des plus remarquables travaux de ce genre, publiés en Allemagne de 1805 à 1825, se place en première ligne le vaste ouvrage de Jules de Soden, qui a pour titre : *Economie natiale.* Les vues nouvelles de cet écrivain lui ont suscité des critiques, mais son livre n'en est pas moins très-fort, aussi bien comme plan et ensemble que comme conséquence et résultat des principes solidement et hardiment posés. Il se divise en trois parties : *Théorie, Législation, Administration*, d'où découlent : 1° l'économie nationale ou lois qui régissent les productions de toutes sortes ; 2° l'éducation publique ; 3° les finances. Mais plus spéculatifs que praticiens, les Allemands se placent toujours dans leurs œuvres à un point de vue élevé. Ils voyagent toujours un peu dans le bleu, et poursuivent sans cesse une sorte d'idéal surhumain ; tandis qu'Adam Smith se borne à traiter des richesses dans leurs rapports avec le bien-être matériel de l'homme, et commence son livre par la division du travail.

Pœlits, un autre économiste de l'école allemande, dans la *Science de l'Etat*, envisage d'abord l'existence civile de l'homme et déduit ensuite les termes qui unissent les différentes parties de cette science. Ainsi, les deux premières conditions de la vie civile sont les *droits* et la *prospérité*; les hommes, en leur qualité d'êtres raisonnables et sensuels, se sont réunis et liés par un pacte qu'on nomme la société, pour atteindre plus sûrement le but de l'humanité, qui est la perfection morale et le bonheur. Les individus comme les sociétés doivent tendre vers ce résultat, tant par leur action intérieure que par les rapports qui les unissent aux nations voisines; mais de même que la nature physique de l'homme doit être dominée par la nature morale, de même la prospérité, le bien-être, doivent être subordonnés au *droit*.

De là le règne du droit et de la justice, idéal d'après lequel tendent à s'organiser les sociétés civiles isolées, ainsi que l'ensemble des peuples de la terre.

On ne saurait récuser les progrès que ces
théories ont faits aujourd'hui dans la pratique : l'association allemande, le Zollve-
rein, les abolitions partielles du régime
prohibitif, auquel ont été substitués des
tarifs modérés et de simples droits de ba-
lance, les traités entre chaque nation du
globe, tous ces remaniements de législation commerciale destinés à régler à nouveau les rapports internationaux, indi-
quent assez que l'économie politique
n'est plus une simple formule scientifique
et dogmatique, mais une loi en quelque
sorte absolue, impérieuse, édictée par la
force des choses, par la nécessité et l'expérience, et dont l'application au bien-
être et à la moralité des populations est
devenue inévitable.

Tout commence en matière de progrès
par des rêves ; c'est-à-dire que les vérités
les plus positives, avant d'être reconnues
et constatées, se produisent d'abord à
l'état d'idées spéculatives, de théories ;
puis, elles passent peu-à-peu dans l'usage,
dans la pratique, et concourent à l'amé-

lioration de l'état social. Il en est de
même de toutes les sciences. Ce n'est que
par tâtonnements et inductions, par ana-
logies et tentatives, que les physiciens,
les chimistes, les fabricants, les industriels
procèdent dans le principe. La triture,
l'élaboration, les manipulations, l'expérience en un mot, viennent ensuite cor-
roborer leurs appréciations et donner raison
aux prévisions de leur génie, Watt-Thé-
nard, Arago, Daguerre, ont été des hommes d'essai et de spéculation avant leur
belles applications de la vapeur, de l'élec-
tricité, de la polarisation et de la décom-
position de la lumière. Qui sait si l'art de
la navigation aérienne n'est pas appelé à
une destinée aussi certaine, et si l'avenir
ne réalisera pas le rêve hardi de Montgolfier et de Nadar ?

« Et Montgolfier fuyant la terre se précipite dans
les cieux ! »

De ces deux principes primordiaux,
absolus, de l'économie politique : les
droits et la *prospérité*, découlent plusieurs

dérivés qui constituent, chacun pris à part et isolément, une étude ou science particulière se rattachant à la science mère. Or, il peut être utile aux gens du monde, comme aux fonctionnaires, aux industriels, de connaître au moins les dénominations de ces subdivisions de la science économique, dès l'instant que tous sont intéressés au mouvement progressif qui s'accomplit de notre temps dans chaque branche des connaissances humaines.

Ces catégories se classent comme il suit :

1° *Droit de la nature et droit des gens.* — Théorie scientifique et philosophique de la domination du droit sur la terre. — Description des droits naturels de l'individu.

2° *Droit public et droit international.* — Exposition scientifique du droit dans la société civile sous la condition d'une contrainte légale. — Même règle appliquée aux nations voisines etre elles.

3° *Politique*. — Exposition de la liaison qui existe entre la vie intérieure et la vie extérieure de chaque état, d'après les principes du droit et de la prudence.

4° *Economie nationale*. — Exposition des sources, des conditions, des parties constituantes, et des effets de la fortune et de la prospérité d'un peuple, activité des individus, activité de l'ensemble de de la nation, influence du gouvernement, sa participation directe ou indirecte sur cette activité, relations réciproques, d'après lesquelles la production et la consommation des produits ou richesses se développent pour le plus grand bien-être des nations.

5° *Administration*. — Science financière, application des règles du droit et de la prudence ou de l'économie aux recettes et aux dépenses de l'Etat, équilibre des budgets.

6°. *Police*. — La police est une science; une police bien faite représente les trois quarts de la force d'un Etat. Exposition des

principes d'après lesquels les gouvernements pourvoient à la sécurité des villes,
à la sûreté des personnes, à l'ordre public,
dans les capitales comme dans les provinces.

7° *Statistique*. — Organisation et situation actuelle des Etats.

8° *Droit constitutionnel*. — Exposition
des chartes, lois, décrets et réglements
qui servent de base au droit public et à la
vie intérieure des Etats, soit que ces institutions émanent de rois ou souverains,
soit qu'elles résultent d'un contrat passé
entre le pouvoir et le peuple. Histoire des
fédérations, des républiques, des communes.

9° *Droit des gens pratique, droit des gens
européen*. — Exposition des principes d'a-
près lesquels les peuples chrétiens civilisés obtiennent et maintiennent leurs droits
dans leurs relations extérieures. Ainsi, une
actualité palpitante nous fait reporter nos
regards, à l'heure qu'il est, sur l'utilité du

maintien de ce principe essentiellement humain : c'est en vertu de ce droit que nous sommes intervenus, il y a quelques années, en faveur de nos coréligionnaires de Syrie, que nous interviendrions de nouveau si la barbarie musulmane portait encore atteinte à la vie et aux biens des maronites du Liban, et que la Russie prend aujourd'hui parti pour la cause des chrétiens contre les Turcs. Tous les Etats civilisés de l'Europe reconnaissent ce droit. Il en est de même de plusieurs états d'Amérique tels que Haïti, le Brésil, les Colonies espagnoles, etc., etc.

10° *Diplomatie.* — C'est à la fois une science et un art. Science, elle comprend l'ensemble des connaissances historiques et politiques, ainsi que l'ensemble des droits et des devoirs qui règlent les rapports de l'Etat avec ses voisins. Art, elle détermine la manière d'appliquer ces connaissances avec mesure, habileté, prévoyance, tact et loyauté : car, il ne faut pas s'y tromper, la meilleure diplomatie est celle qui

s'appuie sur la vérité et la franchise. La
diplomatie est la subdivision de la science
administrative ou économique qui exige le
plus de connaissances variées, et les qua-
lités supérieures de l'éducation au degré
le plus éminent : elle comporte surtout la
connaissance approfondie de toutes les catégories que nous venons d'énumérer.

Telles sont les hautes études que Pœlitza
renfermées dans le cercle si bien défini par
ces mots : *Science sociale ou économie politique générale*. La place et la valeur que
l'*économie politiqne*, proprement dite, tient
dans cet ensemble de connaissances peut
à son tour se définir et se déterminer par :
« la moralité mise en harmonie avec la
félicité, but de l'homme sur la terre. » En
effet, doué de facultés morales et intellectuelles en même temps que de facultés
sensuelles ou appétits, si l'homme s'efforce
d'accorder toutes ses actions avec le moral, il peut aspirer au bonheur, c'est-à-
dire donner satisfaction au sensuel quand
le moral est sauf et garanti. L'économie
politique ne peut être admise comme

2

science philosophique et pratique à la fois, qu'autant qu'elle remonte des faits aux idées générales par une sorte de filiation intime, de parenté nécessaire. Aussi, de déductions en déductions, de conséquence en conséquence, on arrive à cet argument que toutes les transactions humaines reposent sur une base simple mais inébranlable, à savoir : « concours de « l'activité collective des individus et des « peuples avec l'organisation intérieure et « extérieure des Etats, dans le but d'assurer « surer et d'augmenter les *droits* et la « *prospérité* de tous. »

Il ne s'en suit pas cependant que l'intérêt sôit le seul mobile de l'économie politique. Cet intérêt a sa part et sa fonction dans la science ; mais le mobile supérieur, c'est le *droit*, et le droit n'est fondé que sur des lois religieuses, naturelles et morales. D'un autre côté, l'esprit public, qui lui-même n'a sa raison valable d'être et de prédominer qu'autant qu'il se puise aux mêmes sources, l'esprit public doit aussi influencer le mouvement, soit par l'organe des

gouvernements, soit par l'action et la li-
béralité de citoyens, appelés à mitiger
l'égoïsme, à tempérer l'intérêt, deux sentiments qui resteront toujours comme sti-
mulants de la production des richesses.

L'économie politique, comme toutes les
sciences de l'ordre spéculatif, dérive donc
de principes essentiellement conserva-
teur, de principes religieux; car qu'y a-t-
il de plus sacré que la justice ou le droit,
l'égalité qui est aussi le droit, et la charité qui est encore le droit ? Droit à la vie
et droit au bien-être par le travail, par
l'intelligence et par les sympathies de
l'homme : toute l'économie politique est
là.—Travailler de la tête et des bras pour
acquérir le droit de vivre et d'être heureux, mettre l'homme par l'instruction en
état de se procurer les éléments nécessaires au travail intellectuel ou manuel. Mais
ne perdons pas de vue que les prémisses
comme les conséquences de cette science
se rattachent, avant tout, à ce principe
moral, le *droit*.

Nous avons établi, par l'analyse sommaire des ouvrages les plus intéressants qui ont traité de l'économie politique depuis le 18ᵉ siècle, que cette science avait pour base le *droit* et pour but la *prospérité*. Nous chercherons à démontrer maintenant que si les besoins des hommes leur constituent des *droits*, droit à la vie, droit au bien-être et au bonheur, la somme plus ou moins grande de ces biens, de ces jouissances est à son tour subordonnée à des conditions indispensables, qui sont la réciprocité, le travail, et qu'on appelle *devoirs*.

Lorsque, vers 1828, les deux célèbres, fondateurs, de la *science industrielle*, les deux pontifes du culte de la matière commerciale et économique, Saint-Simon et Fourrier, conviaient au partage des richesses « la classe la plus nombreuse et la plus pauvre », ils entendaient pertinemment que le travail devait seul engendrer l'aisance et amener, avec la fortune, l'amélioration sociale du peuple : « à chacun selon sa capacité, à chaque capacité selon ses œuvres » tel fut le dogme posé par ce

qu'ils considéraient comme une religion
nouvelle, et qui n'était autre chose qu'un
principe simple comme la nature et vieux
comme le monde; mais il était bon de fixer
ce principe, et leur aphorisme l'établissait
nettement. Ces doctrinaires, aussi bien
intentionnés que naïfs, étaient loin alors,
de soupçonner qu'en formulant ainsi leur
dogme, ils appelaient hautement les convoitises, ils excitaient l'appétit du travailleur sans éveiller chez lui au même degré le
courage et l'ardeur au travail : c'est ce qui
eut lieu cependant, et ces généreux
apôtres seraient bien surpris, s'ils reve-
naient au monde aujourd'hui, du discrédit
dans lequel sont tombés, parmi certains
membres de la classe ouvrière, leurs
doctrines et leurs axiômes. Ils ne pré-
voyaient, en ce temps-là, ni les besoins
exagérés, ni les désirs impétueux, ni les
prétendus droits du fainéant à la jouis-
sance et au bien-être, dont la satisfaction
n'était avec raison, considérée par eux
que comme une conséquence naturelle
du travail, c'est-à-dire du devoir accompli.

A cette époque, on ne connaissait pas encore les *grèves*, ces *pronunciamentos* démocratiques qui prétendent gouverner l'atelier et imposer leurs volontés au capital ; aujourd'hui, les grèves sont devenues en Europe une plaie, une maladie profonde dont la désastreuse influence réagit sur toutes les branches de la production, et tend à en tarir les sources. En Angleterre, les grèves gagnent chaque année en intensité ; on a vu les couteliers de Sheffield se joindre aux menuisiers de la même ville, et plus tard, les fileurs de Manchester faire cause commune avec eux. Ces grévistes n'ont fait de concession qu'à la misère devenue pour eux menaçante, et, à un moment donné, ils recommenceront. Sans doute la classe ouvrière, comme l'a très-bien dit M. Gladstone, a le droit de chercher à améliorer sa position ; mais la première chose qu'elle doit faire, c'est de s'instruire, c'est de devenir capable, en s'acharnant au métier d'abord, en économisant ensuite. Et les ouvriers eux-mêmes

ne l'ignorent pas ; la capacité administrative et le sens économique leur font
absolument défaut. La vie est devenue
de nos jours une science véritable, science
de prévision, de prévoyance, d'expérience;
plus nous irons, plus il sera nécessaire
d'acquérir cette science comme on acquiert
toutes les autres. Or la vie ne se compose
pas seulement de besoins, de nécessités,
de désirs, et d'appétits ; cette société dont
nous n'apprécions pas assez l'ordre et
l'harmonie nous consacre des droits, mais
elle nous impose en même temps des
obligations. Parler sans cesse de ses droits
et vouloir se soustraire à ses devoirs,
comme il arrive trop souvent chez certains
brise-raisons, c'est se montrer d'un
égoïsme inintelligent et d'un absolutisme
ridicule ; c'est ce côté du caractère actuel
de l'ouvrier qu'il importe de réformer.

La Belgique, l'Allemagne, sont tour-
mentées du même mal. En Belgique, les
ouvriers veulent une augmentation de
salaire et une diminution dans les heures
de travail. Ils prétendent que la journée

de onze heures doit être réduite à neuf heures. Si ce temps devait être employé à l'école, à la lecture, à l'étude, ce serait pour eux du profit. Mais on sait que ce n'est pas plus à l'école qu'à l'atelier qu'ils aiment à dépenser leur temps.

Dans ces conditions de diminution d'heures de travail, il deviendrait impossible aux fabricants, en présence de la concurrence étrangère, de produire à bon marché ; ce serait la ruine des patrons et par conséquent celle des ouvriers eux-mêmes : y ont-ils sérieusement refléchi ?

Certes, dans notre société si équitable et si sensée, personne n'admet que l'ouvrier soit un ilote, un paria. Beaucoup même sont d'avis qu'il est juste de l'associer au sort et à la fortune des patrons, des possesseurs du capital, mais c'est là un des problêmes sociaux les plus ardus de notre époque, un des plus difficiles de ceux qu'a posés la science économique moderne ; ce n'est pas trop d'apporter à sa solution la patience, les lumières et l'expérience qu'elle exige. Il ne faut pas promettre, comme on dit, plus de beurre que de pain à l'homme qui travaille, mais chercher à lui assurer, avec toutes les chances possibles d'amélioration, de progrès, un bien-être, une aisance en harmonie avec ses besoins, son éducation et des aspirations modestes. — Puisque la science s'est emparée de ce problème, c'est à elle qu'il appartient de le résoudre pour le plus grand repos de la société, comme pour la plus grande satisfaction des masses populaires.

Nous avons vu dans les cristalleries de l'Est, par exemple, les ouvriers associés par un ingénieux système de rémunération par pièce, combiné avec les heures ordinaires du travail journalier, à la fortune progressive de l'établissement. On n'a pas assez vulgarisé chez nous ce mode d'association, à la fois si simple et si légitime. Là, indépendamment du salaire ordinaire de la journée, l'individu actif, habile et laborieux, peut voir augmenter chaque semaine le produit de son travail volontaire. Il peut d'ailleur contrôler lui-même sur un registre parfaitement tenu par des agents spéciaux le total des sommes auxquelles il a droit, et ce supplément de revenu, ce boni créé par lui, devient un aiguillon puissant pour son bien-être, aussi bien que pour son amour-propre ; son goût artistique s'accroît ainsi, en même temps que son avoir, par un double stimulant.

Dans une foule d'industries on pourrait adopter ce système. Nous croyons qu'il a été appliqué dans celles qui ont à leur tête des hommes intelligents et instruits, des chefs à la fois bons et prévoyants, des penseurs en un mot ; car la philosophie et l'observation sont aussi nécessaires pour diriger le monde industriel que pour gouverner le monde politique. Tout se tient dans le grand atelier humain et les évolutions incessantes des forces, dans le travail de la matière, se lient étroitement à celles des idées et des spéculations du monde moral. Donc, ce qui, avant tout, constitue les *droits*, ce sont les *devoirs*, c'est-à-dire le travail personnel of-

fert en échange de la rémunération ou récompense, d'où vient la prospérité pour
l'homme qui a des désirs et des besoins à
satisfaire. Cependant, dans certains grands
centres industriels de l'Europe, particulièrement dans les pays manufacturiers
de France, d'Angleterre, d'Allemagne, de
Belgique, le désordre enfanté par les
préoccupations politiques dont les ouvriers
ne se désintéressent pas assez, semble les
amener non seulement à l'éloignement,
à la répulsion, mais à la haine du travail.
On ne trouve plus, à l'heure qu'il est,
dans certaines localités ni gens de métier,
ni serviteurs, même à des prix exorbitants.
Il est évident que la cervelle des classes
jadis réputées laborieuses, est atteinte on ne
sait de quelle maladie d'allanguissement
et d'un découragement inconnu qui effraie.

La plupart des travailleurs d'autrefois
ont perdu tout sentiment de dignité ; la
paresse, l'ivrognerie, les rongent ; ils ne
veulent plus travailler ; ils préfèrent men-
dier ! — Symptôme alarmant d'une décom-

position sociale contre laquelle tous les honnêtes gens, tous les esprits éclairés et courageux doivent s'efforcer de réagir.

Si nous recherchons la cause de ce sentiment si effrontément répulsif de certains hommes pour le travail, sentiment qui se trahit aussi chez les enfants et les jeunes gens d'une façon plus accentuée qu'autrefois, nous la trouvons dans la mollesse de l'éducation actuelle, et dans la propagation des fausses doctrines que nos modernes réformateurs répandent et exploitent au profit de leur personnalité et de leur égoïsme.

Les plus mauvais disciples de ces doctrines désorganisatrices rêvent de se mettre eux-mêmes à la tête des fainéants de tous les pays et d'en faire leurs soldats pour marcher à la conquête, c'est-à-dire au pillage des biens qu'ils promettent à leurs adeptes. Mais aujourd'hui leur plan est connu ; leur projet éventé. On ne réussit pas deux fois à s'emparer de vive force d'une société qui n'est pas sur ses gardes. N'ayant plus de chances pour mettre en

pratique leurs idées de bouleversement
social, ils en reviennent au système plus
honnête du travail attrayant ; seulement,
comme ils ne comprennent pas que le travail est une loi de la vie, et que travailler
et vivre c'est souffrir : « Quoi ! après six
« mille ans, disent-ils, l'homme toujours
« dans le travail, et son travail toujours
« dans la douleur ! Assez longtemps une
« civilisation cruelle et une religion lu-
« gubre se sont unies pour donner au tra-
« vail douloureux la consécration de la
« terre et du ciel. Ce fantôme gémissant,
« nous voulons l'anéantir : nous allons
« faire que, pour l'homme, *jouir* et *travail-*
« *ler* ne soit plus qu'une seule chose. »

Et alors ils ont inventé la réduction des
heures d'atelier et l'augmentation des salaires. Ce n'est plus par l'effet d'une éducation nouvelle et d'une civilisation avancée ; ce n'est plus par la puissance mysté-
rieuse d'une association ouvrière rationnelle et pleine d'harmonie, qu'ils veulent
ramener l'homme au travail ; c'est en ré-

duisant la peine à son *minimum* et le gain
à son *maximum* ; c'est en organisant la
paresse. D'ailleurs, en multipliant les ca-
barets, les débits de boissons, les casinos,
alcazars, eldorados et guinguettes, certains
entrepreneurs de travail réduit, d'ateliers
transformés en lieux de consommation
et de plaisirs, certains ouvriers devenus
patrons, ont placé près de la douleur, près
de l'effort et de la peine, un baume suffisamment consolateur.

Mais hélas ! ils ont beau faire, ils ne ramèneront pas, avec l'absinthe et le bitter, le
calme et le bonheur parmi la race humaine.
Ils ne ramèneront pas le ciel sans nuages
et la pure atmosphère de l'Eden primitif,
alors que la nature, avec toutes ses voix,
n'était qu'une musique universelle, avec
toutes ses pompes et ses spectacles, qu'un
perpétuel sourire. Déroulons pour un instant ce ravissant tableau des premiers jours
de la création sous les yeux de ce sauvage
soi-disant civilisé, qui se plaint que son
gin est trop faible et que son tabac manque
de *nicotine*. Quelle affreuse transformation

s'est produite, non par le travail, si douloureux qu'il puisse être, mais par la fai-
néantise, la gourmandise et la débauche !
Est-il possible que ce soit là le dernier
chef-d'œuvre de Dieu ? Quoi ! c'est là cet
être parfait, cet être appelé l'homme, qui
apparut un jour au milieu de la création,
revêtu d'innocence, de force et de beauté !
D'une nature virginale et pure, enveloppé
de grâce comme d'un vêtement divin, la
terre déployait autour de lui toutes ses richesses, elle le conviait à tous ses festins ;
mais bientôt, dans sa perversité native et
libre, l'homme rompit le lien sacré qui
l'unissait à son Créateur ; il lui désobéit,
et, dès cet instant, le travail devint pour
lui une loi rigoureuse, mais juste : « *In*
« *laboribus comedes !* » lui cria une voix
terrible, une voix qui, du ciel, se fit entendre à la terre !

Et, rappelant ici les paroles de l'apôtre,
fidèle commentateur du langage divin :
« Homme, répéterons-nous avec lui —
« afin qu'il n'en ignore, — regarde cette

« terre qui, hier encore, répandait sous ta
« main sa merveilleuse fécondité ; si tu ne
« travailles pas désormais à arracher de
« ses sillons l'aliment qui doit nourrir
« ton corps, tu mourras physiquement.
« Regarde les ténèbres dont ta faute a
« couvert ton âme ; si tu ne travailles pas
« pour disputer à l'erreur l'aliment de ton
« esprit, tu mourras intellectuellement.

« Écoute le cri de révolte que les pas-
« sions poussent au fond de toi-même ; si
« tu ne travailles pas à défendre contre leur
« fureur l'aliment qui doit nourrir ton
« cœur, tu mourras moralement. »

Le travail est donc nécessaire pour soutenir, fortifier et assainir à la fois l'homme
physique, intellectuel et moral.

Nous croyons à propos et utile d'insister
ici sur la nécessité du travail, qui porte
en lui tant de compensations et de récom-
penses à côté de sa peine et de ses efforts.

Sans le travail, le génie, le talent restent
obscurs, cachés, inféconds ; le cœur s'étiole
et se dessèche, parce qu'il manque lui-

même d'aliment pour les grandes choses qu'il aime ; le cœur fait pour verser à la terre des torrents de tendresse, de dévouement et d'éloquence, et qui s'ouvre dans son développement naturel comme la plus belle fleur de la création, le cœur devient un abîme de haine et de douleur. Sa loi était de s'épanouir dans les sympathies de l'amour ; ambitieux et jaloux désormais, il va se retirer dans l'égoïsme et renfermer en lui comme dans une citadelle d'airain toutes les armes du mal. Là, elles se fourbiront en silence, jusqu'au jour où les déceptions et la rage des convoitises les en feront sortir.

Sans le travail, plus de culture pour l'esprit, plus d'éducation délicate, plus d'élévation dans l'homme. Sa paresse, son indiscipline, sa fantaisie orgueilleuse, despotique et brutale, l'entraînent forcément dans une honteuse dégradation. C'en est fait ! il a lui-même prononcé sa déchéance. Ignorant, borné, imprévoyant, lâche, sensuel et mou, il retombe dans l'état sauvage ; « il tue le bœuf, comme dit Joseph de

de Maistre, pour en dévorer la chair, et pour la la faire cuire il brûle le bois de la char-
-rue. » Le moment où il vit devient pour lui toute la durée du temps. Il s'arrête stupidement dans le présent, entre la minute qui fuit et la minute qui arrive, dévorant dans chacun de ses jours son lendemain sans avenir: c'est le retour à la barbarie.

— Ne nous faisons pas illusion, les générations nouvelles inclinent vers l'inaction et la paresse, parce qu'elles ne sont pas assez pénétrées de cette pensée que le travail est un devoir. En effet, en même temps que ses droits, qu'il revendique si haut aujourd'hui, le travail crée à l'homme des moyens de perfection et des ressorts de vertu. Mais ce n'est point là ce qui préoccupe les enfants du siècle. Ils travaillent avec dégoût pour arriver à jouir au plus vite du repos et de l'inaction qu'apporte l'aisance, non pour s'améliorer en pratiquant une fonction qui les honore ; de sorte que le travail n'est plus qu'un effort pour arriver à ne pas travailler. Et

cet effort, tout entier de calcul personnel,
il semble que l'air qu'on respire aujourd'hui
tende encore à le supprimer. Cette atmosphère d'insouciance et de paresse abaisse
les caractères et diminue les hommes. Le
siècle veut en toutes choses retrancher la
difficulté, c'est-à-dire l'essence même du
travail. Dès lors, plus d'aliment pour sti-
muler l'énergie humaine. Nous diminuons
l'obstacle, nous préconisons le facile ; aussi
le facile est-il devenu populaire, en attendant qu'il devienne la perte même de la
science et la mort du peuple ; car — ne
nous y trompons pas — science facile, lit-
térature facile, philosophie facile, méthodes
de travail et procédés faciles : Ce sont là
autant de dissolvants pour toutes les ma-
nifestations du génie humain : ce que l'on
fait si vite perd de sa valeur ; un grand
poète l'a dit à propos des ouvrages de
l'esprit :

Le temps n'épargne pas ce qu'on a fait sans lui !

Il est à craindre que le goût et l'empire

du facile ne perdent surtout la vigueur et l'énergie de la jeunesse. Le sensualisme, le luxe, le plaisir, le confortable, en y ajoutant leurs appâts, leurs inévitables séductions, achèveront — si nous n'y mettons ordre — d'attaquer au sein des générations qui vont nous suivre les sources de la force et les puissances mêmes de la vie.

Que nos philanthropes modernes, déjà préoccupés de l'abâtardissement de l'espèce au point de vue physique, se hâtent donc de concourir à la régénérescence des forces intellectuelles et morales de la jeunesse, par l'adoption et la propagation d'exercices et d'études fortifiantes, d'une application générale et absolue. Que ceux surtout qui tiennent entre leurs mains le sort et l'avenir de nos enfants y songent sérieusement : c'est leur mission et leur devoir. Malheureusement, on ne laisse aux gouvernants bien intentionnés ni le temps ni les moyens d'accomplir leur tâche. Qu'est devenu, par exemple, ce projet de loi que devait présenter à la Chambre, il y a quelques années, un ministre compétent comme phi-

losophe et comme moraliste ? Qu'est devenu
ce plan judicieux, approfondi et pratique,
qui devait énoncer les mesures à prendre,
les travaux à exécuter dans nos établissements d'instruction primaire, secondaire
et supérieure, dans ces pépinières de jeunes
sujets constituant la future société ?

Loin d'affecter à son système d'études
l'élément purement laïque, cet ancien grand
maître de l'Université voulait, tout en faisant à cet élément une large part dans
l'enseignement littéraire et scientifique,
qu'on assurât aux élèves le concours d'un
enseignement religieux et théologique. Le
ministre était d'avis (et cela rassurait bien
des chefs de famille) qu'il ne suffisait pas
d'introduire dans l'éducation des jeunes
gens l'équitation, l'exercice du chassepot et
la manœuvre du canon, mais en même
temps tout un corps de doctrines saines et
fortifiantes, afin de ne pas laisser plus
longtemps s'ébranler sous nos pas le sol
qui tremble au contact du doute et de
l'athéisme.

Avant d'entrer plus avant dans le développement et les détails que comportent nos études économiques, philosophiques et sociales, nous avons à revenir sur le passé et à mettre en relief la personnalité et les travaux de quelques grands penseurs ; nous avons à esquisser plusieurs figures ou personnages qui ont marqué en France parmi les plus doctes et les plus profonds, et qui peuvent être considérés encore aujourd'hui, en matière économique et industrielle, comme les pères de la doctrine, comme les chefs de la science nouvelle. L'Angleterre, l'Ecosse, l'Allemagne, l'Amérique, ont eu leurs maîtres, dont nous avons déjà cité les noms et les ouvrages — Adam Smith, Bergius, Justi, Cobden, Malthus, Fékendorf, Owen ; nous pouvons, nous aussi, revendiquer à juste titre, parmi les nôtres, parmi les plus forts et les plus célèbres novateurs — Fournier, Saint-Simon, Enfantin — d'un renom aujourd'hui un peu démodé — mais qui certainement, ont mérité de vivre ... .'histoire de ce siècle, qui marche à grands pas vers sa fin.

Dans notre ardente aspiration vers l'avenir, dans cette extravagante course au clocher de certains novateurs qui, dépassant toutes bornes et toute limite, et franchissant le but même qu'ils se proposent, poussent la société aux cataclysmes et aux abîmes, il n'est sans doute pas hors de propos de jeter nos regards en arrière, non pour remonter le courant — puisque les humanitaires prétendent que les sociétés ne rétrogadent jamais — mais pour mesurer l'étendue du terrain que nous avons parcouru depuis cinquante ans, et pour replacer quelque peu sur leur piédestal la statue de certains dieux du dogme économique dont l'encens ne fume plus hélas ! sur des autels oubliés ; car les dieux de la matière n'ont rien de commun avec les divinités célestes. Le culte de celles-ci est éternel. Les dieux industriels et positivistes, qui devraient posséder des temples d'or ou tout au moins d'airain massif, ces dieux-là ne sont adorés que dans des pagodes d'argile, par des adeptes qui ont la mémoire courte et qui sont toujours bien près de brûler ce qu'ils ont adoré.

Nous sommes loin, quant à nous, de
vouloir brûler des dieux que nous n'a-
vons pas encensés ; mais nous sommes
amenés à examiner aujourd'hui leurs doctrines, afin d'en extraire, si cela est possible, le remède même au mal qu'elles ont
pu produire en se vulgarisant, en se po-
pularisant au moyen d'interprétations
fausses ou forcées, chez une nation toujours prête à pousser à l'extrême ce qui
la séduit ou l'étonne ; et telle fut l'histoire des hommes illustres dont nous voulons parler.

La pénurie générale des classes pauvres et intermédiaires, les souffrances et
les privations de la classe industrielle, la
misère qui sévit chez les ouvriers des
grands centres, et à l'abri de laquelle ne
sont pas toujours les populations des cam-
pagnes, la *difficulté de vivre*, en un mot,
qui affecte depuis longtemps la majeure
partie de la famille humaine, ont, comme
nous l'avons dit, donné l'idée aux philosophes, aux penseurs et aux économistes
de rechercher les causes de cette gène qui

pèse sur tous et les moyens d'y remédier.
Parmi ceux qui ont déchiré avec le plus
de hardiesse le voile qui couvrait toutes
ces misères, il faut placer au premier rang
Fourrier et *Saint-Simon*. Mais ont-ils
donné la solution pratique, la panacée
universelle destinée à guérir un mal aussi
général? Il est permis d'en douter. Certes,
on peut, à l'heure qu'il est, retirer un
grand enseignement de l'étude de leurs œuvres. Elles ont posé de solides jalons dans
le champ économique; toutefois jusqu'ici
l'application absolue de leurs théories a
manqué le but ou l'a dépassé. Ces grands
rêveurs ont cherché leur remède dans les
combinaisons de l'ordre matériel, tandis
que, pour la majeure partie de ceux qui
souffrent et se plaignent, c'est avant tout
la solution morale, solution d'administration tout intime et rationnelle, qu'il faut
trouver. Or, à notre avis, le principal côté
de la question, la première cause de la
misère se montrent aujourd'hui en pleine
lumière : on est pauvre, on vit mal chez
soi, parce qu'on dépense trop au dehors,
parce qu'on sacrifie trop à l'extérieur.

Si l'on était simple et sobre, l'économie
politique aurait beaucoup moins de peine
à trouver la solution sociale ; cette solution se déduirait naturellement, d'elle-
même en quelque sorte. Mais, dans l'état
actuel de notre société, l'*être* et le *paraître*
sont en lutte permanente ; la vanité et
l'estomac se font sourdement la guerre.
Pour beaucoup de familles, tout le secret est là : on est privé du nécessaire
parce qu'on ne sait plus se passer du su-
perflu ; il faut, comme on dit vulgaire-
ment, *se battre les flancs* pour faire honneur
à ses affaires, à son nom, à sa situation.

Pour les classes tout-à-fait misérables,
le renchérissement des denrées et des
choses nécessaires à la vie, renchérissement qui progressera encore fatalement
tant que se multiplieront les découvertes
aurifères ; la rareté du travail et, ne crai-
gnons pas d'ajouter, le rétrécissement des
bourses, la tiédeur de la charité, conséquences forcées de la multiplicité des besoins et de l'entraînement des folles dépenses chez les gens aisés; toutes ces

causes doivent avoir pour effet d'amoindrir encore le patrimoine des pauvres.

Dans sa préface du *Nouveau Monde in-*
dustriel, savant résumé où Fourrier a lu
dans les misères de la société présente les
destinées de l'avenir, et où il a fait entendre, en faveur des indigents, un langage
à la fois positif, énergique et touchant,
Fourrier disait :

« Il règne à Dublin une épidémie parmi
« le peuple ; mais les malades qu'on
« amène à l'hôpital guérissent sitôt qu'on
» leur donne à manger : leur maladie,
« c'est la faim. »

Nous avons peine à croire que les choses
se passent en France comme en Irlande
et en Angleterre. Chez nous, heureusement, le nombre des gens qui meurent
littéralement de faim est peu considérable.
La *faim pressante*, comme l'appelait Fourrier, ne saurait véritablement sévir chez
une nation civilisée et généreuse comme
la nôtre. Mais, dans certaines circonstances de la nature de celles où nous nous
trouvons en ce moment par suite de la

dernière guerre, de la rareté du travail, de
celle du numéraire productif et de la sta-
gnation générale des affaires, le peuple
industriel peut mourir de *faim lente*, c'est-
à-dire de privations prolongées, de *faim
spéculative*, qui l'oblige à se nourrir de
choses malsaines, ou de *faim imminente*
(toutes expressions dont se sert Fourrier),
en s'excédant de travail, en se livrant par
besoin à des fonctions pernicieuses dont
il n'a pas l'habitude, à des fatigues exagé-
rées, comme celles des travaux de terras-
sement, par exemple, d'où naissent pour
lui les fièvres, les infirmités précoces, les
maladies graves. Si ce n'est pas là précisément mourir de faim, c'est toujours
mourir des suites de cette *difficulté de vivre* dont nous parlions en commençant.

A l'époque où écrivait Fourrier — vers
1820 — dix millions de Français ne mangeaient pas de pain : « Ils n'ont pour se
« soutenir, disait-il, que des châtaignes,
« des fèves ou autres pauvretés. » Nous
avons vu nous-même sur la frontière des
Pyrénées-Orientales, pendant la disette de

1855, et alors que les plaines du Lampourdan espagnol regorgeaient de céréales qui ne pouvaient parvenir en France faute de routes, nous avons vu des paysannes françaises recueillir de jeunes orties pour s'en faire de la soupe : mais, chose singulière et qui fixa notre attention ! elles portaient aux mains des gants de peau claire, encore assez frais, afin de les préserver de la piqûre de ces méchantes herbes. O misère ! O contraste ! *O reliquiæ lugentes !* Ces gants avaient fait les beaux jours de la fête du village, l'été précédent ; ils avaient, en des temps d'imprévoyance et de dissipation, complété la toilette de ces dames ! N'eût-il pas mieux valu danser les mains nues et ne pas se condamner ainsi d'avance à manger en soupe des orties ?

Dans l'énumération des *pauvretés* dont se nourrissent encore, à l'heure qu'il est, les habitants de certaines contrées de la France, Fourrier a omis de désigner la pomme de terre, sans doute parce qu'il la regardait comme moins favorable que les

fèves et les châtaignes à la sustention de
l'homme, opinion longtemps partagée, du
reste, par certains chimistes, qui ne trou-
vaient pas que ce tubercule contint un suc
suffisamment nutritif. Mais l'erreur accré-
ditée contre la *parmentière* est aujourd'hui
constatée et rejetée. La pomme de terre a
repris son rang ; elle est cultivée avec succès par toute la France et dévorée avec
appétit par les bons estomacs. Reste à
expliquer seulement comment les estomacs
débilités des pauvres gens et ceux des
paysans courbés sous le travail peuvent,
avec un pareil aliment, se maintenir pendant toute la durée de la vie dans des conditions suffisamment satisfaisantes, quand
sur 35,000,000 d'habitants, 15,000,000
environ ne vivent guère que de pommes
de terre et ne boivent que de l'eau ? « Hé-
« las ! oui, ajoute Fourrier, 15,000,000 de
« Français ne boivent jamais de vin, et
« cependant on est quelquefois obligé, en
« certains pays et par surabondance, de
« jeter aux égoûts des vendanges entières ! »
Voilà, certes, un point qui serait compro-

mettant pour l'économie politique, si les
chemins de fer ne s'étaient pas chargés de
le résoudre depuis 1820, en créant parmi
nous la facilité des transports. Aujourd'hui,
« des vendanges entières jetées aux égouts »
cela ne se voit plus guère ; nos propriétaires
de vignobles en savent quelque chose. Leurs
celliers se vident à beaux deniers comptants,
mais les pauvres ménages n'en boivent
pas plus de vin pour cela : ce sont les
étrangers, c'est l'exportation qui, par suite
de l'abaissement des tarifs, profitent de la
situation faite aux produits vinicoles. La
difficulté de vivre ne semble donc pas, sous
ce rapport, avoir sensiblement diminué
depuis Fourrier. Sans doute, les catégories de dénués sont moins multipliées qu'il
y a cinquante ans, et celles qui existent
sont même de moins en moins misérables.
Ainsi il peut se faire qu'il y ait encore
parmi nous 15,000,000 de français qui ne
boivent pas de vin et ne fument pas de
cigares, mais à coup sûr il ne s'en trouve
plus, comme du temps de Fourrier,
10,000,000 qui ne mangent pas de pain,

quoique cette denrée soit relativement chère, car le pain de pur froment est devenu un luxe pour le pauvre.

Et à ce sujet nous nous permettrons ici une petite remarque. Mon voisin le cordonnier, qui a beaucoup d'enfants et qui vit au jour le jour, mon voisin qui est cordonnier, mais qui est fier et qui a, comme il dit, « le sentiment de sa dignité, » ne mange que du pain blanc, tandis que son voisin qu'il appelle un *riche* et qui n'a qu'une famille restreinte se contente du pain de seconde qualité. C'est que l'un est gourmand, imprévoyant et orgueilleux; l'autre frugal, prévoyant et modeste. Eh bien ! voilà pour beaucoup, à ne citer que ce trait entre mille, le nœud de la *difficulté de vivre.*

Le problème ne réside donc pas tout entier, comme le croient bon nombre d'économistes, dans l'abondance de la production et sa répartition, mais aussi dans la mesure de la répartition et de la consommation. Combien de pauvres se sont faits riches par l'activité, le travail, la sagesse des besoins, et par l'économie !

Que de courtisans de la paresse et des plaisirs sont devenus par leur faute des invalides du travail, préférant vivre sans rien faire, à la charge de la municipalité ou de la paroisse, plutôt que de gagner peu en se donnant noblement beaucoup de mal ? N'est-ce pas parmi ces derniers que se recrute, au jour du combat de la rue, l'armée des communards et des rebelles ?

A propos de la classe ouvrière, notamment, Fourrier s'est livré dans ses ouvrages à des calculs statistiques curieux et à d'intéressants aperçus. A l'encontre des économistes de son temps qui préconisaient les efforts de l'industrialisme et de la production, il s'élève contre cette tendance ; il tonne contre cet élan du travail industriel, contre cette fièvre de fabrication, qu'il considère comme devant pousser l'humanité à une dégradation brutale et athée. Sa prévision, on peut le constater aujourd'hui, était véritablement prophétique :

« Cette dégradation, disait-il, s'accroît en
« raison des progrès de l'industrie civili-
« sée ; elle semble une dérision de la na-
« ture contre l'humanité. L'athéisme est
« le résultat nécessaire d'une civilisation
« trop longtemps prolongée, qui donne un
« vaste essor à l'industrie, avant de con-
« naître la méthode de répartition propor-
« tionnelle et la garantie de *minimum* ; en
« d'autres termes, avant de connaître le
« *code naturel* ou *divin* des relations indus-
« trielles. »

C'est ainsi, supposons-nous, que Fourrier
entend que le commerce doit subordonner
l'offre à la demande, ses expéditions aux
besoins ; les banquiers, leur passif à leur
actif, et les particuliers, riches ou pauvres,
leur dépense à leur avoir.

Mais combien Fourrier a été dépassé ! Il
est dédaigné par ses adeptes, devenus aujourd'hui les ennemis jurés de ses doctrines, qui, on le voit, étaient relativement
raisonnables et conservatrices.

Avant de passer à l'application, avant
de se traduire en faits, de se concréter

pour ainsi dire dans la pratique, les idées,
les théories, s'exposent, s'examinent, se
discutent et font leur chemin dans le
monde, portées sur les ailes de la publicité. Elles errent d'abord à l'état de fantômes plus ou moins lumineux ; elles se
fondent dans l'imagination des adeptes,
dans l'esprit des philosophes, des écrivains,
des penseurs, comme en un creuset
ardent ; elles revêtent une forme plus ou
moins dogmatique, saisissable et scientifique ; puis, elles deviennent applicables,
pratiques, usuelles, communes, tant et si
bien qu'elles finissent par la plus vulgaire
banalité, par un emploi général et quotidien, dans des milieux sociaux qui les
avaient d'abord méconnues et repoussées.

Que de doctrines ! Que de principes,
de théories et de paradoxes se sont ainsi
produits et ont été discutés, combattus,
admis depuis le moyen âge, réussissant
parfois à se faire jour après des cataclysmes politiques, et se posant dans le
monde comme des pivots nouveaux, plus
solides que les anciens, comme d'inébran-

lables colonnes, comme des clefs de voûte, comme le dernier mot de la raison, de la vérité, de la morale et de la religion ! De ce nombre furent particulièrement le fouriérisme et le Saint-Simonisme.

Aspirant à peu près vers le même temps, dans une époque de rénovation et de transition, à formuler une vérité qui avait, comme nous l'avons dit, quelque prétention religieuse, ces deux doctrines ont assurément erré sur bien des points ; mais on ne peut leur contester d'avoir porté la lumière dans les replis les plus cachés et les plus inquiétants de l'organisme social ; on ne peut nier, qu'elles aient accéléré l'application de quelques appareils, aujourd'hui insuffisants, sur ces plaies béantes qu'en nomme le *prolé-tariat*, le *paupérisme*, espèce de gangrène sociale que l'économie politique a pour mission de guérir.

François, Marie, Charles Fourrier naquit à Besançon en 1772. Fils d'un marchand d'étoffes, il commença lui-même par auner de la toile derrière le comptoir paternel.

Au collége, il manifesta les dispositions les plus sérieuses et les plus originales. Son désir de s'instruire était insatiable ; à l'âge où l'écolier ne songe qu'au jeu et à l'école buissonnière, il se renfermait dans sa chambrette pour lire et pour étudier les mathématiques. Nous ne savons pas s'il les inventa, ainsi qu'on l'a dit de Pascal, mais il y fit de tels progrès qu'il passait, à seize ans, pour apte à en résoudre les problèmes les plus difficiles.

Cette faculté, loin d'absorber ou d'étouffer en lui les autres, ne donna à son esprit que plus de hauteur et d'étendue ; elle lui ouvrit en quelque sorte l'horizon des grandes pensées ; elle lui apprit à déduire de l'idée la plus élémentaire et la plus fugitive, les conceptions les plus gigantesques, les projets les plus étonnants.

Simple et bon, désintéressé et préoccupé seulement de la science, s'il eût eu un peu de cette ambition vulgaire qui ouvre et agrandit pour beaucoup d'hommes médiocres les carrières publiques ou

administratives, il fut devenu riche, il fut
arrivé aux honneurs et au crédit. Mais
son ambition, à lui, ne ressemblait pas
à celle des autres. Au lieu de s'enrichir
dans le commerce, il s'y ruina. Au lieu de
devenir chef de maison, président de la
chambre des manufactures, membre du
conseil général, il resta commis! Rendons
grâce à cette abnégation, à cette pauvreté
volontaire du philosophe qui lui permit
d'agiter dans sa vaste cervelle tant d'idées
colossales et de poser dans d'incompara-
bles ouvrages les questions les plus
vitales de notre âge, les théorèmes les
plus intéressants pour l'homme et la
société: Il resta commis! et de cette
plume d'oie qu'il tenait derrière son oreille,
toute prête à additionner le prix des bas
de filoselle ou des mètres de calicot qu'il
débitait à ses pratiques, il écrivit la *Théorie
des quatre mouvements*, le *Traité d'association agricole*, et le *Nouveau monde industriel*.

Admirable exemple de grandeur et de
modeste héroïsme, de simplicité grave et
de parfaite candeur !

Fourrier avait, toutefois, senti le besoin de s'assimiler toutes les sciences et de comparer, par des voyages, la situation matérielle des différentes nations de l'Europe. Après avoir amassé quelques économies, il se mit en route. Il parcourut successivement l'Angleterre et l'Ecosse, la Belgique et l'Allemagne, non comme un commis-voyageur, non en courtier cherchant à s'achalander, mais en philosophe et en observateur. Vivant au jour le jour, parcourant les ateliers, visitant les logements insalubres des ouvriers, étudiant le jeu des professions manuelles et celui des machines dans les manufactures tant que durait le soleil, il passait ses nuits à méditer et à consigner sur ses tablettes les observations de la journée : telle fut sa vie durant de longues années. Ce fut surtout à Lyon, chez les *canuts*, qu'il mit le doigt sur les misères de la classe ouvrière et qu'il devina le secret de cette science du commerce légal, science composée de luttes, d'intrigues, de concurrence et d'envahissement, qui

consiste « à acheter au meilleur marché
« et à vendre le plus cher possible. »

Ce fut là qu'il comprit à la fois les douleurs de l'homme qui travaille toute sa
vie pour gagner à peine de quoi se nourrir, et en même temps le désenchante-
ment de l'homme supérieur, condamné
non seulement à travailler pour gagner
peu, mais condamné à des travaux contraire à ses instincts et à ses goûts. Cruelle
alternative ! Souffrance morale incessante
pour celui qui ne se sent pas à sa place,
qui tend instinctivement à se caser là où
il est appelé à vivre, et qui retombe toujours dans la situation étrange et fasti-
dieuse où l'ont conduit le hasard, l'injus-
tice sociale, ou une vocation violentée,
en dépit des élans du cœur et des prescri-
ptions de le nature !

Ce fut sans doute cette remarque qui
amena Fourrier à concevoir la partie de
son système connue sous le nom d'*attraction passionnelle.* En considérant les luttes, les efforts et les conséquences douloureuses du travail forcé, il en vint à

vouoirlga orniser le travail suivant les
tendances naturelles de l'individu, à rendre ce travail à la fois désirable et
attrayant, non contraint et convulsif.

Contrairement aux économistes de l'é-
cole industrielle puro, Fourrier s'élève,
dans son livre le *Nouveau Monde industriel*,
contre « cet essor sublime de l'industrie
« vers la perfectibilité, qui a pour résultat
« d'amener la capitale de l'Angleterre,
« tout en la faisant participer à un secours
« annuel de deux cents millions, à conte-
« nir encore 117,000 pauvres à la charge
« des paroisses de Londres, — 115,000
« pauvres délaissés, — mendiants, filous,
« juifs, — faux-monnayeurs, — valets
« volant leurs maîtres, fils volant leur
« père, soit 232,000 pauvres dans une
« ville qui est le plus grand foyer d'in-
« dustrie.

« La France, ajoutait Fourrier, marche
« à cette misère. Il y a à Paris, 86,000
« pauvres connus, et peut-être autant
« d'inconnus. Les ouvriers français, dans
« les grands centres d'industrie, sont très-

« misérables. Il en est qui n'ont pour lit
« que des feuilles sèches, où la vermine
« s'attache à leur corps. »

La situation matérielle des ouvriers
français a bien changé depuis que Fourrier écrivait ces lignes. L'élévation des salaires a fait pénétrer chez la généralité
plus de bien-être, mais les a-t elle mora-
lisés ? Quoi qu'il en soit, on pouvait déjà
répondre, en 1820, que la pauvreté n'em-
pêchait pas la propreté, et que si les ouvriers français, qui « couchaient sur des
« feuilles sèches où la vermine s'attachait
« à leurs corps, » avaient acquis par l'é-
ducation, sinon par l'instruction, cette
vertu saine et essentielle, la propreté,
leurs corps n'eussent pas été rongés des
vers. C'est donc, avant tout, l'éducation
et une certaine instruction primaire suffisante qu'il s'agit d'assurer aux ouvriers,
comme étant leur plus sûr acheminement
vers le bien-être et leur moralisation.

Sur ce point, on ne peut qu'applaudir
au triomphe de la doctrine des saint-simoniens. L'instruction du peuple, dont

Fourrier n'était pas partisan et qu'ils ont
préconisée les premiers, en même temps
qu'elle facilite cet acheminement au bien-
être physique et moral des travailleurs,
est une des conditions actuelles de l'existence des gouvernements et une garantie
de liberté pour les institutions sociales.
Sous ce rapport, Fourrier était arriéré
dans son système. L'architecte du *Phalanstère* prétendait parquer les travailleurs,
comme on fait des moutons dans un champ,
et subordonner leurs instincts, leurs besoins et leurs passions, à une sorte de des-
potisme dogmatique. Loin d'être partisan
de la liberté du commerce et de l'industrie,
disons même de la liberté individuelle, il
prétendait clôturer les hommes dans son
Traité d'association, les emprisonner dans
son *Unité universelle*, et ne semblait com-
prendre, en fait de liberté, que celle des
femmes. Il regardait l'extension des pri-
viléges civiques de la femme comme le
principe régénérateur des progrès sociaux.
Son *Attraction passionnelle* n'était autre
chose qu'une grande porte ouverte à la

plus belle moitié du genre humain sur les champs de l'indépendance et du désordre. Il marchait à la polygamie avec sa *Théorie des passions*, et à la portion congrue avec *son minimum*. Il élargissait la couche et rétrécissait la table. Il ramenait les ouvriers aux *maîtrises* et aux *jurandes*, tandis que, d'autre part, en réclamant l'institution d'un jury de garantie « contre le « pouvoir arbitraire de la critique, » il ramenait les écrivains et les penseurs à l'obéissance aveugle et à la censure.

Or, le grand secret gouvernemental et social, c'est précisément de savoir concilier la liberté avec la raison et l'autorité, la satisfaction des besoins avec leur légitimité, l'ambition et la soif des jouissances avec les moyens d'y faire face. A part ces erreurs, Fourrier a vu très-loin dans l'avenir. On aura beau faire, si l'on ne veut pas en venir aux commotions et aux cataclysmes, c'est-à-dire à l'irruption brutale de ceux qui n'ont rien contre ceux qui ont acquis et qui possèdent, il faudra toujours apprendre à l'homme à subordonner

ses appétits qui croissent, aux ressources
de la production qui tendent à s'amoindrir par suite de l'appel d'un plus grand
nombre au partage des biens matériels ;
c'est en cela que les doctrines religieuses
sont surtout nécessaires au maintien
social.

Donc, qu'on y réfléchisse un instant, et
l'on reconnaîtra que ce *minimum* dont
parlait Fourrier, chacun doit avoir la sagesse de le porter en soi, puisqu'il n'est
pas possible à l'Etat de le fixer sans détruire le grand principe de la liberté de
l'industrie et du commerce.

Si l'on en excepte le rapprochement qui
s'était opéré dans leur doctrine par rapport à la femme, — question au sujet de
laquelle fourriéristes et saint-simoniens
ont absolument erré, surtout dans les derniers temps de l'Ecole, — il est évident que
Saint-Simon a mieux posé que son rival
le problème de l'avenir, et que ses adeptes, les Enfantin, les Cazeaux, les Péreire,
les Michel Chevalier, les Ferne! après
avoir si éloquemment déduit, dans le *Globe*,

leurs théorèmes industriels et humanitaires, les ont réalisés plus magnifiquement
et avec plus de succès que ne l'ont fait
Fourrier et ses sectateurs.

En effet, l'Icarie de Cabet, cet enfant
adultérin du *Phalanstére*, n'a pu se fonder.
Elle s'est perdue avec le mormonisme
dans les savanes de l'Amérique, comme
ces rivières infécondes qu'absorbent les
landes et les sables des déserts.

L'économie politique, au contraire, est
devenue une science réelle et positive. En
s'appuyant sur les chemins de fer et sur
la liberté des transactions, l'économie politique s'est instituée maîtresse et mère
nourricière du genre humain. Tandis que
les phalanstériens n'existent plus qu'à l'é-
tat de rêveurs et de poètes, les saint-simoniens sont arrivés aux plus hautes
fonctions pratiques : ingénieurs de chemins de fer, directeurs d'usines ou de mi-
nistères, secrétaires généraux, conseillers
d'Etat, députés, ministres ; ouvrez l'alma-
nach Bottin, vous y verrez figurer leurs
noms.

Ainsi, cet homme de génie, longtemps ridiculisé et méconnu, ce grand initiateur et propagateur d'idées fécondes, cet inventeur du *Système industriel*, Saint-Simon, a fait porter à la science nouvelle tous ses fruits, et l'honneur lui en revient à bon droit. Il est vrai que ses élèves, plus heureux et sans doute plus habiles en savoir-faire, ont recueilli son héritage, qui est devenu pour eux un véritable Pactole. Mais le nom du maître doit s'associer, dans la mémoire des populations reconnaissantes, à ceux des hommes de talent que nous avons cités plus haut, et parmi lesquels nous pouvons nommer encore les Bartholony, les Olinde Rodrigue, les d'Eitchal, qui ont fait passer dans la pratique la théorie des chemins de fer, qui ont créé, au point de vue des banques comme à celui de l'industrie et du commerce, une épuisable source de richesses et vulgarisé une science qui n'aurait pas fait sans eux les progrès dont nous sommes témoins.

Nous croyons donc à propos d'insister plus particulièrement encore sur Fourrier

et Saint-Simon ; nous jetterons un regard
sur la vie des deux maîtres illustres qui
ont si profondément percé l'avenir, qui
ont prédit en quelque sorte les crises de
notre époque en mettant le doigt sur nos
plaies sociales, et n'ont recueilli, hélas !
que misère, indifférence et oubli, où d'autres ont su moissonner à la fois honneurs
et profits.

Nous avons dit que Fourrier porta partout le vif rayon de son œil d'aigle, qu'il
promena sur toutes choses le scalpel
inciseu de sa pénétration ; cette faculté
lui était commune avec son émule Saint-
Simon. Aucune science ne lui fut étrangère. Sa mémoire se nourrissait du passé
pour enfanter l'avenir. Nulle branche des
connaissances antérieures n'échappa à ses
investigations, — histoire métaphysique,
économie sociale, politique, industrie,
commerce, géologie, métallurgie, statistique ; toutes les sciences pratiques il les
étudia ; toutes les appréciations critiques,
il les synthétisa et les commenta à son
tour ; toutes les conséquences connues il

les soumit au foyer de son jugement ri-
goureusement logique. Mais la solution
nécessaire, absolue, s'il lui fut donné de
la voir intérieurement aussi clairement
que la lumière du jour, parce qu'elle se
dégageait dans son merveilleux intellect
de ses nuages et de ses accessoires, il ne
lui fut pas accordé d'assister à son triomphe ; il ne devait pas en jouir.

Comme tous les grands génies qui
viennent avant l'heure, le flambeau à la
main, et qui portent en eux le bouleversement du monde connu sans posséder
la force matérielle capable de lui substituer d'emblée le monde nouveau, le génie
de Fourrier devait être discuté, jalousé,
entravé, arrêté. Le temps seul pouvait
lui servir d'auxiliaire. Le temps a fait
justice de ses erreurs, mais il assure tous
les jours l'application de ses idées les plus
justes, l'emploi des meilleures mesures
empruntées à ses œuvres.

Les hommes de génie obéissent sans le
savoir à la volonté qui les pousse. Quand
Dieu a marqué de son signe l'instrument

dont il veut se servir, il faut que l'instrument agisse et qu'il creuse dans l'humanité des entailles profondes, qui la feront saigner peut-être, mais qui la guériront ou la fortifieront. Le génie inventeur et rénovateur de Fourrier fut, au point de vue économique et industriel, comme celui d'Adam Smith, de Malthus, de R. Owen, de Cobdon, du nombre de ces socs guerroyants qui, marchant droit au but, fouillent au plus profond du terrain chargé de scories et de jachères improductives, pour aller chercher en pleine terre l'élément fécond, le filon généreux, le suc abondant et nourricier.

Dans ses rêves d'or Fourrier devança son siècle, mais il devina évidemment les conditions futures vers lesquelles s'avance l'humanité, lorsque abandonnant sa théorie de l'*infiniment grand* dont les prétentions devaient paraître exorbitantes et ridicules pour le temps présent, il aborda les détails, il s'adressa aux intérêts, et pour faire entrer dans l'étroit cerveau d'une génération personnelle et égoïste la compréhension de son procédé sociétaire, il tenta de l'amoindrir.

Quelles qu'elles soient et de quelque point de vue qu'on les envisage, ses idées de progrès n'en ont pas moins germé des pousses vigoureuses et des bourgeons fructifiants, — associations, salles d'asile, ouvroirs, crèches, sociétés de secours mutuels, sociétés coopératives, syndicats ; — voilà, sous le côté moral, les véritables pensées congénères de l'*Attraction pas-sionnable*, de l'*Analogie universelle de l'E-chelle des passions et des caractères*. D'un autre côté, chemins de fer, canaux, docks, institutions de crédit, caisses d'épargne, de retraites, banques, travail des enfants dans les manufactures, salaire des femmes, toutes ces créations modernes, toutes ces solutions humanitaires et sociales, indus-trielles, commerciales, agricoles et éco-nomiques sont nées, à n'en pas douter, des théories de Fourrier du *Traité d'asso-ciation*, de l'*Unité universelle* et du *Nouveau monde industriel*.

Dans sa *Théorie des quatre mouvements*,

le grand réformateur plongé dans ses
abstractions scientifiques, tourmenté par
le besoin de rénovation qu'il sentait s'a-
giter dans les masses, démontre que « les
« lois de l'attraction passionnelle sont en
« tous points conformes à celle de l'attrac-
« tion moléculaire et sidérale expliquées
« par Newton et Leibnitz ; qu'il y a unité
« du système de mouvement pour le
« monde matériel et spirituel. »

C'est ainsi que Fourrier arrive à l'harmonie sociale et politique, à l'unité, à la
grande association des races et des peuples, dont le bien-être et les jouissances,
justement répartis et équilibrés, doivent
être l'aspiration et le but ; car Fourrier
n'avait en vue, comme Saint-Simon, que
le bonheur de l'humanité.

C'est à ce point final de la doctrine
humanitaire que les Saint-Simoniens rat-
tachèrent et reprirent après lui le travail
de l'*infiniment grand* en matière d'association. Ils ne doutaient pas que le monde
civilisé ne fût en marche progressive, et
l'on peut voir en effet aujourd'hui qu'à

l'aide du sentiment des nationalités, qui
s'est réveillé et qui cherche à s'affirmer
chez différents peuples longtemps divisés,
désunis et séparés, Américains et Saxons,
Germains, Slaves et Serbes, Latins, Francs
et Ibères, le monde est emporté à travers
une lutte suprême et qui menace de devenir sanglante vers la grande fédération
humaine, instinct de famille en quelque
sorte, tendance originelle et primitive qui
travaille au rapprochement des nations
par les intérêts, par une vaste commu-
nauté de rapports et de besoins matériels, intellectuels et moraux.

Examinons maintenant la part qu'à prise
la doctrine de Saint-Simon au mouvement
social et économique de notre temps, et
esquissons à grands traits quelques-uns
des principaux caractères de cette curieuse
figure.

Dans sa doctrine humanitaire universelle, dans son esprit de secte réforma-
trice, Fourrier était un quaker, un puri-
tain ; Saint-Simon, philosophe de même
trempe et non moins grand penseur, fut

plus homme du monde et plus artiste. A
ce point de vue, on peut dire que le premier fut plus théoricien, le second plus
praticien. Vivant dans un milieu distingué, dans une société polie et raffinée,
Saint-Simon sut élaguer de la science positive qu'il enseignait les éléments com-
muns et rustres, si nous pouvons parler
ainsi. Il sut la parer de fleurs et de gracieux oripeaux. Aussi s'adressa-t-il particulièrement à la femme et voulut-il la
mettre plus pleinement dans les intérêts
de son système.

Le Fouriérisme exhale une forte odeur
de comptoir et d'atelier, à laquelle se mêle
même parfois un substantiel parfum de
soupe aux choux : du saint-simonisme,
plus recherché dans sa tenue et ses habitudes, émane au contraire une véritable
senteur de benjoin et de patchouli. Les
femmes de Fourrier sont de pauvres et
modestes ouvrières, vêtues de lustrine et
d'indienne ; celles de Saint-Simon frisent
déjà ce que nous avons nommé le *demi-
monde* ; ce sont des espèces de demoiselles,

de sous-maîtresses de pensionnats, un peu *bas-bleus*, aspirant à porter la soie, les dentelles et le velours. Fourrier tendait à être un réformateur pour les besoins matériels du peuple ; Saint-Simon aspirait à satisfaire des instincts plus recherchés. Et cela ne doit pas étonner, l'un fut un simple travailleur, un *prolétaire* ; l'autre un lettré et un noble de l'ancien régime. Le premier vit le monde à travers ses souffrances, ses labeurs et sa misère ; le second le considéra plutôt comme une réunion de gens de bonne maison, mais gênés, ayant des passions délicates, des appétits plus relevés à satisfaire, et à qui « il manquait « quelque chose. » A tout prendre, esprit hardi, cœur bienveillant et généreux, nature héroïque et forte, intelligence étendue et supérieure, philosophe sans préjugés : tel fut Saint-Simon.

Ce grand seigneur qui, à ce qu'il disait, descendait de Charlemagne dont il avait la haute stature et l'air chevaleresque ; cet officier distingué, qui avait fait la guerre d'Amérique avec le marquis de La Fayette,

débuta en France, au retour de ses cam-
pagnes en faveur de l'indépendance, par
publier une série de brochures militaires
sous ce titre l'*Organisateur*, dont le premier
numéro lui valut, en 1820, un mémorable
procès.

« Supposons, disait-il, que la France
« vienne à perdre en une seule nuit son
« premier physicien, son premier chimiste,
« son premier ingénieur, son premier pein-
« tre, son premier sculpteur, son premier
« astronome, etc. ; voilà la France descen-
« due d'un degré parmi les nations civi-
« lisées. Supposons maintenant que la
« France conserve tous ses hommes de
« génie, mais qu'elle ait le malheur de per-
« dre le même jour Monsieur, frère du roi,
« monseigneur le duc d'Angoulême, ma-
« dame la duchesse de Berry, mademoi-
« selle de Condé, puis tous les dignitaires,
« tous les cordons bleus, les cordons rou-
« ges, les grand'croix, les grands officiers,
« etc. ; cet accident nous affligerait, parce
« que nous sommes humains et bons, mais
« il n'en résulterait pour l'Etat aucun mal

« politique, par la raison qu'il serait très-
« facile de remplir toutes ces places va-
« cantes. Beaucoup de français exerceraient
« les fonctions de prince aussi bien que
« Monsieur ; beaucoup de françaises fe-
« raient d'aussi bonnes princesses que
« madame d'Angoulême ou mademoiselle
« de Condé. Ces rapprochements prouvent
« clairement, quoique d'une manière indi-
ro cte, ajoutait Saint-Simon, que notre
organisation sociale est peu perfection-
« née, puisque les savants, les artistes,
« les hommes dont les travaux sont utiles
« et profitent à la société d'une manière
« positive, au lieu de lui coûter si cher,
« sont *subalternisés* par les princes, par
« des fonctionnaires ou gouvernants, la
« plupart du temps routiniers, médiocres
« et incapables. »

Après une pareille sortie, Saint-Simon
ne pouvait qu'être condamné ; il le fut ;
mais il en rappela et fut acquitté. Sa
doctrine, d'un libéralisme radical, et,
comme on le voit, assez mal séant, était
tout entière dans ce paradoxe spécieux,

mais funeste; si funeste, qu'on ne saurait
affirmer qu'il ne contenait pas le germe
subversif du principe d'autorité, de ce
principe que le suffrage universel a cherché depuis à restaurer en l'appliquant aux
masses populaires, mais qui se maintient
avec peine, battu en brèche comme il
l'est par les intransigeants, par les irré-
conciliables de tous les partis.

Saint-Simon avait été élevé par d'Alem-
bert. Il avait puisé dans les leçons de ce
philosophe une portée d'esprit à la fois
exacte, spéculative et encyclopédique. Ses
facultés, ses tendances humanitaires et
sociales, si bien préparées par son maître,
ne pouvaient manquer de se développer
aux États-Unis, dans un milieu républicain, et surtout dans la société de Franklin
dont il devint l'ami.

Ce fut sans doute dans les loisirs du
camp de l'indépendance américaine que
le jeune officier, tout préoccupé des grands
problèmes qui s'agitaient sous ses yeux,
imagina le nouveau système politique et
industriel qu'il destinait à remplacer le

lien moral des peuples déjà rompu et
brisé en maints endroits. Ce fut à travers les charges de cavalerie et la mi-
traille que sa tête chercha le remède nécessaire à la crise violente qui travaillait
les nations, et par dessus toutes la nation
française, la première, la plus avancée en
idées et en civilisation.

On sait, ou plutôt beaucoup de personnes ignorent, par quels efforts surhu-
mains d'assimilation scientifique procéda
Saint-Simon, et comment il s'y prit pour
propager ses doctrines, pour fonder cette
Ecole industrielle qui tient aujourd'hui le
sceptre du monde des affaires et le haut
du pavé. Il se lia avec tous les penseurs,
tous les savants, tous les écrivains de son
temps. Sa vaste intelligence embrassa le
domaine entier de l'histoire, de la science,
de l'administration, des spéculations politiques et philosophiques. Elle entra au
plus profond des choses et s'assimila en
quelques années le faisceau tout entier
des connaissances humaines.

Du reste, « il ne fallait pas causer plus

« d'un quart d'heure avec cet homme
« extraordinaire, dit un contemporain,
« pour être frappé de la supériorité de
« son esprit et de son incisive pénétra-
« tion. » Sur ce point, il existait entre
Fourrier et lui une remarquable analogie ;
c'était la même volonté énergique et marchant droit au but, la même persistance
tenace d'un esprit critique et railleur,
déblayant sans cesse autour de lui le
terrain des idées surannées, des doctrines
ayant fait leur temps, pour y substituer
des champs ensemencés de germes plus
féconds, des avenues à longues perspec-
tives, de nouvelles terres promises.

Après s'être mis en rapport avec les
élèves de l'Ecole polytechnique, avec les
professeurs, les chimistes, les physiolo-
gistes célèbres, voulant ainsi se rendre
compte par lui-même des progrès de la
science, de son état exact, et des moyens
à employer pour lui faire accomplir son
œuvre d'amélioration « en faveur du plus
grand nombre, » ce sublime rêveur vou-
lut aussi connaître les artistes.

C'est ici que Saint-Simon se montre
sous un jour tout à fait différent de celui
de Fourrier, qui aurait volontiers expulsé
de son Phalanstère, comme Platon de sa
république, « tous ces instruments de luxe
et de mensonge. » Mais Saint-Simon pen-
sait avec raison que l'art doit occuper une
des premières places parmi les leviers
civilisateurs ; aussi croit-on généralement
que ce fut en vue de réaliser son projet
d'amélioration sociale et d'en tirer les
conclusions pratiques, qu'il visa à faire un
mariage riche et qu'il épousa M᷉ᵉ de Bawr.

Cette veuve, auteur de comédies res-
tées au répertoire du Théâtre-Français, de
proverbes et de romans qui ont joui
d'une vogue méritée parmi les ouvrages
les mieux pensés et les mieux écrits de
notre temps, possédait une grande fortune. Elle faisait les honneurs de son
salon avec une affabilité et une distinc-
tion parfaites. Son vaste appartement
de la rue Vivienne ne désemplissait
pas : Hommes de lettres, savants,
peintres, statuaires, architectes, musi-

ciens, poètes, nouvellistes étaient devenus
pour le maître alchimiste, pour cet Albert-
le-Grand de la science au XIXᵉ siècle,
autant d'éléments qui, dans son labora-
toire humanitaire, aidaient à ses expériences et, pour nous servir de l'hyperbole du courtisan Fourcroy à l'empereur
Napoléon Iᵉʳ, « avaient l'honneur de se
« combiner devant lui. »

L'élite de la société de Paris se donnait
chaque semaine rendez-vous aux récep-
tions de Mᵐᵉ de Saint-Simon; de telle
sorte que, pendant un temps, la comtesse
de la Restauration n'eut rien à envier à la
duchesse de la cour de Louis XV. Seulement, sa cour à elle était toute intellectuelle, toute poétique.

Comme on peut le penser, Saint-Simon
posait en dieu dans ces fêtes. Mais perdu
dans l'éther de ses visions transcen-
dantales, il descendait rarement de sa nue.
Il observait plus qu'il ne se mêlait aux
conversations et aux groupes.

Les artistes et les gens de lettres sont plus
positifs qu'on ne le suppose; leurs doctrines

sont plus usuelles qu'abstraites. Tout en cherchant l'idéal dans leurs ouvrages, ils s'en tiennent volontiers à la réalité pour ce qui est de la vie ordinaire. Ils aiment mieux jouir des plaisirs que d'en analyser les sensations. Leur rayonnement émane plutôt de l'œuvre commune que de l'individualité particulière à chacun d'eux.

Ce que Saint-Simon finit par apercevoir de plus clair, après un an d'études, c'est que mettant, tout d'abord en pratique dans la maison du maître, la seconde partie de son système économique, dont la base était, comme chacun sait, de beaucoup produire pour beaucoup consommer : « Mes artistes et mes savants, disait-il, « quelques années plus tard, parlaient « peu et mangeaient beaucoup. » Las de n'entendre autour de lui que des conversations insignifiantes , que des propos et des réflexions parfois spirituels sans doute, mais qui, à son point de vue sérieux, équivalaient à des fadaises ; ayant, en fin de compte, acquis là certitude que parmi tout ce monde qu'il réunissait là

pour enrichir sa théorie de données expé-
rimentales de quelque valeur, il n'y avait
aucune idée capitale, aucun aperçu nouveau ; qu'il n'en recueillerait, par conséquent, que misère et pauvreté pour son
plan gigantesque de fortune universelle,
il se sépara à l'amiable de Mme de Bawr,
« et donna en même temps congé à ses
« invités, à sa femme, et à son proprié-
« taire. »

Il avait dépensé à cette singulière fantaisie que, du reste, ce couple original ne
regretta pas, plus de cent mille écus !

A partir de cette époque, Saint-Simon,
réduit à la portion congrue, mena une vie
très-retirée. Il mit la dernière main à son
plus remarquable ouvrage : le *Nouveau
Christianisme*. Il remania son *Système industriel*, auquel il donna cette épigraphe
évangélique : « Aimez-vous et secourez-
« vous les uns les autres. » Il publia ses
*Opinions littéraires, philosophiques et indus-
trielles*, où il accorde aux beaux-arts une
prépondérance au moins égale à celle des
sciences et de l'industrie dans les institu-

tions gouvernementales des nations civi-
lisées, doctrine qui n'a pas fait jusqu'ici
grand progrès dans l'application, car est-il
encore rien de plus négligé que l'étude
de l'esthétique et des arts dans nos établissements d'instruction publique ? Ce
dernier livre de Saint-Simon fut le com-
plément et comme le couronnement de sa
pensée.

L'œuvre était produite, le grand homme
n'avait plus rien à faire au monde : il
disparut.

Saint-Simon finit sa vie assez triste-
ment, entre sa gouvernante et son cani-
che. Il mourut le 19 mai 1825. Ce fut
Olinde Rodrigue, un adepte, qui recueillit
ses dernières volontés, et Augustin Thierry, l'historien, qui lui ferma les yeux.
Augustin Thierry, son premier disciple,
n'était pas encore aveugle ; mais Saint-
Simon était borgne depuis quelques
années. Singulière coïncidence ! Etrange
conformité de douleur entre le maître et
l'élève ! Les yeux devaient faire défaut à
ces deux penseurs qui ont vu si loin, l'un

dans l'histoire du passé, l'autre dans la destinée future de l'homme.

Voici à quelle circonstance Saint-Simon dut la perte de son œil. Dans un moment de détresse pécuniaire, mal dont les plus grands esprits sont souvent atteints, alors qu'il rêvait la publication de ses plus importants ouvrages, un banquier de ses amis lui ayant refusé de l'argent, Saint-Simon s'était renfermé chez lui pour se brûler la cervelle. L'arme, heureusement, avait dévié ; la balle n'avait fait que lui crever l'œil en lui laissant la vie sauve. On doit croire qu'il était dans les desseins de la Providence de conserver au monde ce profond organisateur des forces sociales modernes, car au milieu des épreuves douloureuses et humiliantes qui portèrent plus d'une fois cette grande âme au découragement, une pensée moins utile que la sienne eut succombé sans doute, une organisation moins nécessaire au bien-être futur de l'humanité se fut abîmée tout d'un coup dans l'isolement, les dédains et l'ingratitude des contemporains.

Combien parmi ceux-ci ne connaissent Saint-Simon que de nom, loin d'avoir recherché la lecture de ses ouvrages ! Mais les idées de l'apôtre, soigneusement recueillies après sa mort, ne furent pas comme ses cendres renfermées dans la froide enceinte du tombeau. D'ardents disciples s'en emparèrent. Ils se chargèrent de les exposer, de les vulgariser, et bien qu'on puisse à bon droit leur reprocher d'avoir mêlé autant d'erreurs que de vérités parmi leurs préceptes, de n'avoir pas toujours suffisamment mesuré la justesse et la portée de leurs doctrines, il faut ne pas se lasser de reconnaître que nous leur devons aujourd'hui, en matière d'industrie, de commerce, d'associations, de banques et d'institutions de crédit, les applications les plus sûres, les plus pratiques et les plus productives.

Parmi la foule des adeptes qui se proclamèrent, à sa mort, les plus fervents admirateurs de Saint-Simon jusqu'à tout quitter : position, pays, famille, pour aller prêcher au loin le nouvel Evangile, il faut

citer particulièrement Olinde Rodrigue,
Bazar et Enfantin.

Celui-ci n'était pas seulement un homme
éminent, comme les deux autres, c'était
aussi un maître, un initiateur, un guide,
un de ces hommes naturellement investis
du don de commander et qui exercent sur
le mouvement intellectuel de leur époque
sur les idées des générations contempo-
raines, une influence plus profonde qu'ap-
parente, car elle se ravive au moment
même où l'on pourrait la croire épuisée.

Nous nous proposons, au surplus, de
consacrer une page spéciale à la personnalité d'Enfantin pour clore la série de nos
études économiques, quant aux individua-
lités marquantes de l'école, et nous rap-
pelerons, à ce sujet, les belles paroles qui
ont été prononcées sur sa tombe (1864.)
par Adolphe Guéroult, qui fut lui-même
un prédicant remarquable de la chaire
saint-simonienne, et depuis, un publiciste
éloquent, un journaliste honnête, l'une
des lumières de la presse parisienne jusqu'à sa mort, survenue il y a quelques années.

Pour en revenir à Saint-Simon, après avoir dissipé d'importantes ressources dans une multitude d'expériences industrielles et scientifiques pour ne recueillir personnellement de son vivant, qu'indifférence et ridicule, pauvre et méconnu de la foule il mourut, mais non tout entier. Ayant su inspirer à ses élèves un intérêt qui alla jusqu'à l'idolâtrie, l'amour sincère du maître pour le bien-être de l'humanité devait survivre en eux et sauver son œuvre.

Elle vivra donc désormais, cette œuvre immense non dans ses égarements qui en ont enfanté tant d'autres ! non dans sa forme métaphysique insaisissable, 'mais dans son esprit et ses conséquences positives; et si les mânes de ce puissant génie assistent du haut de l'empyrée aux travaux et aux efforts de l'humanité pour atteindre le but qu'il rêvait ; s'il leur est permis d'en suivre chaque jour le développement dans ce qu'il a d'applicable et d'utile, ils peuvent être satisfaits.

Quelle conséquence tirer de cette ana-

lyse de la personne et de l'œuvre des novateurs économistes modernes, analyse
que nous avons faite la plus consciencieuse
possible, en présence du dénigrement stu-
pide et inconscient que beaucoup de gens
affectent encore à leur égard? C'est que
notre belle France est, malheureusement,
pleine d'esprits superficiels qui ne jugent
les penseurs sérieux que d'après eux-
mêmes ou d'après leurs pairs; c'est que
l'ignorance, la jactance et la médiocrité y
sont souvent appelées à prononcer le dernier mot, le grand mot de l'*opinion publique* sur le mérite, le talent, le génie qu'ils
ne connaissent pas, qu'ils ne comprem-
nent pas : « Combien faut-il de sots pour
« faire un public, demandait Rivarol? »
Combien faut-il d'ânes, de faquins ou de
présomptueux pour démolir une réputation, pour flétrir une renommée, deman-
derons-nous à notre tour, devant tant d'i-
gnorants ou d'incapables qui montent sur
des tables, des tréteaux ou des balcons
pour prononcer leurs misérables boni-
ments, et qui empestent les journaux, ces

prétendus *moniteurs* de l'*opinion publique*, d'erreurs, de fausses appréciations, de calomnies et de mensonges ?

Après avoir démontré, dans nos études sur Fourrier et St-Simon, que non-seulement ces deux grands esprits ont eu l'intuition, la prescience d'un état social nouveau, mais qu'ils avaient trouvé dans leur haute raison, dans la solidité de leurs observations et de leurs connaissances, les véritables conditions de réglementation et de direction dans lesquelles devait se maintenir ce mouvement qui entraînait déjà les masses vers l'amélioration de leur sort, vers le progrès, non par la convoitise mais par le travail, par l'équilibre sagement ménagé de la production et de la consommation, par la juste rémunération de ce travail par le capital ; il nous reste à dire quelques mots du dernier disciple, l'un des plus connus et des plus convaincus parmi les sectateurs de la doctrine ; nous voulons parler d'Enfantin.

Homme de cœur et d'imagination, tout en étant homme d'initiative et de prati-

que, sa vie, son savoir, ses travaux, ses
voyages et ses missions, dont il a été
trop peu parlé, suffiraient seuls à prou-
ver qu'il n'y a que les hommes de génie
qui puissent susciter de pa- reils adeptes.

Issu d'une famille de banquiers et
familiarisé dès l'enfance avec l'étude pratique de toutes les qu stions de crédit ;
rompu par la forte éd ation de l'école
polytechnique à la discip e scientifique,
Enfantin, après avoir été m litaire comme
son maître, après avoir défer du Paris en
1814 contre les armées coalisé s, se livra
pendant quelques années à la pi atique du
commerce et à l'étude des questi ns économiques. Il était tout entier à c s travaux, lorsque, en 1825, Olinde Rodi gue,
qui avait été son répétiteur de mathé ma-
tiques, lui fit connaître les idées de Sai t-
Simon et le conduisit chez le hardi philo
sophe dont il devait être le plus illustre
héritier.

« La forte intelligence d'Enfantin, — dit
A. Guéroult, à qui nous empruntons cet
éloquent panégyrique,—fut comme illumi-

née par les grandes vues de Saint-Simon.
Ce monde féodal dont le penseur annon-
çait la chute, ce monde pacifique des arts,
des sciences, du commerce et de l'industrie, dont il pronostiquait l'avénement, la
loi du progrès débrouillant le chaos de
l'histoire, la rénovation des idées philosophiques montrée comme la base et la
condition de la réorganisation politique
européenne, l'amélioration morale, intellectuelle et physique des masses populaires devenue le but suprême de la politique ; toutes ces idées si grandes et si simples, paradoxales alors, aujourd'hui ac-
ceptées de tout ce qui pense, s'emparèrent
énergiquement d'Enfantin et devinrent le
but unique et l'unique mobile de sa vie.

« Alors commença, sous son influence
indirecte d'abord, prédominante plus tard,
un prodigieux travail d'élaboration et de
propagande. Ce fut l'âge héroïque des
grandes idées du dix-neuvième siècle. Un
programme, prophétique alors, aujour-
d'hui en partie réalisé, fut tracé et jeté
au milieu des prétentions aveugles et des

passions mesquines du moment; un réseau idéal de chemins de fer étendu sur
l'Europe et sur l'Asie, les isthmes percés
mettant en communication des mondes
inconnus les uns aux autres, l'économie
politique renouvelée et fécondée par des
principes nouveaux et d'audacieuses utopies, le problème douloureux du proléta-
riat et de la condition des femmes soulevé,
un travail d'élaboration métaphysique et
religieux assez puissant pour faire dire au
Père Lacordaire que c'était le « plus
grand mouvement de l'intelligence humaine depuis Luther : » telle fut, de 1825
à 1832, l'œuvre originale et féconde dont
Enfantin fut l'âme et le principal inspi-
rateur.

« Plus tard l'école se dispersa et chacun dut continuer librement l'œuvre com-
mencée en commun.

« Ce fut alors qu'Enfantin se ren-
dit en Egypte pour étudier sur place
le percement de l'isthme de Suez, qu'il
reprendra plus tard, dont il posera le
premier les bases, mais qu'il ne lu.

sera pas donné d'achever. — Plus tard
encore, il fait partie de la commission
scientifique de l'Algérie, devient directeur
des chemins de fer et fonde un journal où
sont esquissés à grands traits les plans de
plusieurs créations utiles.

« Jusqu'à son dernier jour cette âme pas-
sionnée pour le progrès général de l'espèce humaine, cet esprit fécond et fé-
condant resta un foyer de chaleur et de
lumière, où les intelligences les plus di-
verses venaient chercher l'inspiration ou
le conseil.

« Le secret de cette supériorité at-
trayante et sympathique, c'est que nul ne
fut plus religieux que lui ; nul n'a vécu
autant que lui en présence de la vie future, de la vie éternelle, dont la vie actuelle, qui nous échappe à chaque instant,
n'est qu'une des étapes innombrables.

« Ce noble sentiment élevait sa pensée,
agrandissait ses horizons, lui faisait sûrement distinguer ce qui doit survivre de
ce qui doit périr et le rendait pour
ainsi dire contemporain de tous les siècles. »

Nous souhaitons aux capacités de notre temps, aux économistes, aux administrateurs, aux hommes d'Etat, aux gouvernants d'aujourd'hui l'insigne honneur de reposer à l'ombre de pareilles sympathies et de recueillir, à leur dernière heure, l'hommage d'une semblable oraison funèbre. (1)

L'œuvre de l'économie politique se compose de deux parties distinctes, la partie matérielle et la partie morale. Ces deux éléments primordiaux, constitutifs, le matériel et le moral des peuples, que la science économique a pour objet d'élaborer et de faire passer du domaine de l'abstraction dans les faits, se subdivisent eux-mêmes à l'infini et prennent place dans une série d'enseignements, de combinaisons et de travaux, qui ont pour résultat l'ordre, le bien-être de la société, la perfectibilité et le bonheur de l'espèce humaine.

(1) Les œuvres complètes de Saint-Simon et de ses disciples ont été récemment publiées chez l'éditeur. Dentu, Paris, Grande galerie nationale (ancienne galerie d'Orléans, n°17 et 19.)
Prix : 1 fr. la livraison.

Dans l'ordre matériel; considérés comme moteurs principaux, comme premiers moyens civilisateurs, il y a lieu de compter d'abord les voies de communication, les canaux, les chemins de fer, les travaux d'utilité publique et d'embellissement intérieurs du pays. (Ces divers sujets ont été traités spécialement dans le *Moniteur de l'Ain* sous ce titre : *Les grands projets de l'avenir*); puis, viennent la navigation maritime, les matières premières, l'industrie manufacturière, le commerce.

Nous envisagerons d'abord le côté matériel.

Nous développerons ensuite la partie morale.

Pour commencer, disons que tous les grands projets que renferme dans son sein l'économie politique et qu'elle peut enfanter à un moment donné, sont depuis longtemps à l'ordre du jour dans les haute sphères gouvernementales, financières t industrielles, mais que, malheureusement, la politique, qui se nourrit particulièrement de divisions et de luttes de partis, met in-

cessamment obstacle au prompt accomplissement de ces projets.

Néanmoins, et malgré ses haltes forcées
dans le présent, le progrès poursuit toujours sa marche vers l'avenir. En maîtri-
sant la nature, en faisant servir ses forces
à l'accomplissement de ses œuvres, l'homme
s'institue plus que jamais roi de la création.
La France, par son activité, son travail et
l'ascendant de son génie initiateur semble,
en dépit de ses revers et de ses malheurs,
particulièrement destinée à servir de lien,
de trait-d'union commercial entre l'Occident et l'Orient, comme elle peut devenir
encore par sa neutralité même, par l'effet
de sa situation actuelle, le juge naturel, le
conciliateur politique des nations de l'Europe et de l'Asie, prêtes à se déchirer.

Il suffit d'un coup d'œil jeté de haut et
rapidement sur les grandes conceptions
du siècle pour entrevoir les destinées que
l'achèvement de nos travaux intérieurs
réserve à notre pays.

D'un côté, c'est l'isthme de Suez qui, en
unissant la Méditerranée à la Mer Rouge,

ouvre à toutes les flottes marchandes du
monde occidental une route qui les met à
quelques heures de l'Asie : c'est Marseille,
devenant dans notre ère moderne la rivale
des plus grandes cités commerçantes de
l'antiquité, rivale de Tyr, de Carthage, de
Stamboul : c'est l'Angleterre, obligée, pour
éviter un détour de 1200 lieues, de venir
amarrer momentanément ses navires aux
quais de Bordeaux, de Nantes, de Brest, de
La Rochelle. La Rochelle ! qu'elle a connue dans ses heures de détresse, avec ses
digues menaçantes et ses bastions hérissés,
aujourd'hui amicalement ouverte à ses
voiles, silencieuse contre ses vaisseaux !
La Rochelle, qui multiplie ses bassins à flot,
ses quais, ses appels aux entreprises maritimes, aux peuples transatlantiques, et qui
les convie par la proximité et la sûreté de
sa rade à une préférence dont elle est
digne : c'est Dunkerque, naviguant incessamment vers la Hollande et les Etats du
Nord : c'est le Hàvre, ouvrant sa ligne de
paquebots sur New-York, tandis que Saint-
Nazaire dirige ses lignes Antilles et Panama,

comme Bordeaux sur le Brésil et Rio-Ja-
neiro, ses steamers de 3,000 tonneaux ! Et
cet admirable mouvement opéré en même
temps sur tous les points du globe, n'est-ce
pas toujours la France qui l'accélère et le
dirige? C'est elle qui, par son calme et sa
prudence, par la puissance de ses capitaux
et de son crédit, par l'extension de ses
moyens de viabilité, par l'initiative de ses
idées en matière d'Expositions universelles,
de comices, d'associations de tous genres,
fait converger les efforts et l'activité du
monde entier vers un but unique et définitif : les travaux de la paix, les merveilles
de la paix, les jouissances de la paix.

Félicitons surtout les habitants de notre littoral de l'ouest et du Sud-ouest de
leur tendance marquée à sortir de leur
torpeur séculaire pour marcher à de nouvelles conquêtes maritimes et commerciales , pour arriver à prendre part à
cet immense festin dressé dans tous les
caravanserails de l'Afrique et de l'Asie,
qu'approvisionnent aujourd'hui nos produits mêlés à ceux du nord de l'Europe

et des deux Amériques. Hâtons-nous tous de nous concerter, de nous associer, de nous entendre enfin, pour diriger nos vagons et nos hélices vers ces sources fécondes des grandes transactions et des grandes affaires : la Chine, l'Inde, le Japon, les îles et les continents jusqu'ici inexplorés de l'extrême Orient. Ne nous endormons pas dans notre scepticisme et notre lassitude ; soyons confiants et fermes, hardis et résolus, et le succès répondra chez nous comme chez nos voisins aux efforts et aux espérances.

Voyez : à mesure que nos réseaux de chemins de fer se complètent et relient toutes les parties du territoire continental de l'Europe, des lignes maritimes s'ouvrent d'Occident en Orient et du Sud au Nord. pour entourer le globe d'une ceinture de communication. Tandis que la Méditerranée mêle ses eaux à celles du golfe Persique, une route sûre et commode se fraie à travers les sables du Sahara pour aller chercher à Tombouctou les ivoires et les gommes du Congo et de la Sénégambie. Pendant ce

7

temps, la grande question du sucre, de l'indigo, du coton et du café, se débat à propos de l'ouverture de l'isthme de Panama entre l'Amérique et l'Afrique, et de quelque côté que soit le triomphe pour l'une ou l'autre de ces deux moitiés du globe, les produits en question viendront forcément se déverser dans nos ports, constitués en docks naturels, en entrepôts généraux de l'Orient et de l'Occident.

Laissons l'Angleterre, laissons les grands empires du nord de l'Europe s'épuiser dans la confection de leurs armures de fer; laissons-les perdre leur temps et leurs forces dans ce travail improductif, dans l'équipement de leurs troupes dans le revêtement de leurs demi-lunes et de leurs citadelles : la Providence nous accorde le répit des armes, profitons-en pour corser nos poitrines et hausser nos cœurs ! Employons mieux nos jours et notre or: saluons la grande aurore et chantons le *Sursum corda* de la pacification des peuples ! Espérons que toutes ces amusettes d'enfants jouant aux

soldats tomberont d'elles-mêmes devant
la sagesse des rois et des diplomates,
devant les besoins et les exigences de la
véritable civilisation !

L'activité pacifique qui se concentre
aujourd'hui en France, quand les autres
puissances sont anxieuses et préoccupées,
nous permettrait de mener à bonne fin
une multitude d'entreprises d'un intérêt
social de premier ordre, si nous n'avions
à compter encore avec nos agitations inté-
rieures, qu'il importe de faire, avant tout,
cesser ; car la tranquillité, le calme, sont
nécessaires pour réaliser les grandes conceptions d'intérêt public. Or, nos travaux
ne se rattachent pas seulement à nos avantages nationaux ; ils embrassent un ensemble d'améliorations plus générales et doivent, comme nous l'avons indiqué, déterminer le mouvement universel des transactions internationales.

Deux entreprises principales hâteraient
surtout par leur achèvement l'accomplissement de ce magnifique mouvement déjà
commencé: d'une part, la ligne directe de

Nantes sur Bordeaux par Coutras; de l'autre
la ligne également directe de Bordeaux
sur Marseille par le littoral depuis Cette.
C'est sur ces deux points que se concentre, à l'heure qu'il est, la préoccupation
des intérêts commerciaux ; car, comme
tout ce qui est civilisateur et populaire,
c'est là un besoin du temps. Ce n'est pas
pour des chimères que se passionnent les
masses. Les masses ont généralement
pour elles le bon sens, la raison, le coup-
d'œil; elles l'ont prouvé en maintes circonstances politiques décisives; elles le prouve-
raient également en matière commerciale et
maritime, si elles étaient mises à même de se
prononcer. Elles savent fort bien, au cas
particulier, que la ligne droite est « *le plus
court chemin d'un point à un autre.* »
D'ailleurs il ne s'agit pas ici d'une question
purement personnelle de compagnie, ni
d'élever l'autel du Midi plus haut que celui
de l'Est, mais bien d'une situation faite
naturellement par la configuration géogra-
phique des zônes, et d'une exigence de
communication ferrée qui a pris nais-

sance dans la fatalité même de la position respective de chacune des parties entre lesquelles est intervenu le débat.

Or, le débat subsistera tant et aussi longtemps que le réseau du Midi par Cette et le littoral méditerranéen jusqu'à Marseille n'aura pas été exécuté. Cette question des réseaux, en ce qui concerne les chemins de fer, est bien simple. Elle ne saurait être résolue que par le trajet en ligne droite dont nous parlions tout-à-l'heure, car on sait qu'en présence même de difficultés énormes dans le parcours, difficultés de terrain et autres accidents naturels, qui du reste n'existent pas entre Cette et Marseille, l'industrie moderne possède une science et des moyens pratiques suffisants pour les vaincre.

Entre les Compagnies Péreire et Talabot (Midi et P.-L.-M.), ce fut longtemps une lutte d'arguments plus ou moins pressés, plus ou moins péremptoires ; mais le fait qui domine toujours, c'est la nécessité de développer chez nous le transit international direct, de construire dans nos ports des bassins à flot, d'élargir les quais, de multiplier les entrepôts et les docks. Il ne faut pas oublier que vingt départements ont adhéré, il y a quelques années, au magnifique projet qui doit compléter le réseau du Midi, de Cette à Marseille par la Camargue et les Bouches-du-Rhône, en longeant le littoral ; que ce projet, en abrégeant de 45 kilomètres la ligne ferrée qui unit l'Océan à la Méditerranée, permettrait, sans qu'il fût nécessaire de rompre charge en route, le transport des marchandises venant de l'Atlantique à destination du Levant, et assurerait ainsi le passage par la France de la majeure partie des 5,000,000 de tonnes qui se dirigent encore aujourd'hui vers l'Afrique et les Indes par le détroit de Gibraltar. Nous ignorons où en est la concession d'une entreprise aussi utile, entreprise que la Compagnie du Midi nous a toujours paru seule en mesure d'exploiter et de mener à bonne fin. Les immenses ressources intellectuelles et industrielles que possède cette compagnie sont, en effet, de nature à résoudre d'une manière satisfaisante tous les points du problème. D'un autre côté, les besoins et les intérêts de la Compagnie du Midi répondraient de l'exécution prompte et rigoureuse des prolongements de ligne qu'elle a offert de construire sans l'aide de l'Etat.

Nous invitons le Ministre des travaux publics actuel à lire avec attention le rapport longuement développé et admirablement motivé que M. E. Pereire adressa dans le temps, à ce sujet, à l'un de ses prédécesseur. La lucidité et la science topographique de la contrée, aussi bien que la juste appréciation des choses spéciales à nos chemins de fer français, brillaient dans ce travail remarquable. Il est impossible de ne pas demeurer frappé des chances réelles d'avenir qu'offrirait la ligne du Midi au transit transatlantique, si les transports venaient à s'effectuer d'une seule traite de Bordeaux à Marseille, entre deux soleils, et si les négociants, commissionnaires, agents de commerce, banquiers et hommes d'affaires, pouvaient

suivre la marchandise et assister eux-
mêmes, au besoin, à son embarquement
dans le port de Marseille, comme ils
auraient pu surveiller son débarque-
ment dans les ports de Bordeaux et de
Nantes , ports qui sont particulièrement appelés à se partager les avantages
promis par le projet, lorsqu'il sera complètement exécuté.

Toutes nos contrées de l'ouest et du
sud-ouest ont donc un immense intérêt
à ce que le plan de jonction directe des
deux mers se réalise. Les contrées de l'est
et du sud profiteraient aussi avantageuse-
ment de la seconde ligne projetée entre la
Méditerranée, Grenoble, la Suisse et le
nord de l'Europe, car cette ligne s'impose
de plus en plus chaque jour aux nécessités
du commerce, et les populations l'appel-
lent depuis longtemps de leurs vœux dans
l'intérêt des voyageurs comme dans celui
du trafic.

Alors Marseille assisterait, majestueuse-
ment assise sur ses deux ports, au départ
incessant des produits du monde occiden-

tal pour les vastes débouchés de l'Asie.
Saluant de loin cet isthme de Suez ouvert
par le génie d'un homme au passage de
ses flottes marchandes, alors renaîtraient
pour la cité phocéenne les beaux jours de
Carthage et de Gênes. Et vous, provinces
modestes, contrées longtemps deshéritées,
ramenées par la force des choses et par
l'heureuse configuration de votre territoire
sur le chemin suivi par ces chevaux en-
flammés qui emportent sur leurs ailes les
richesses du monde, vous vous estimeriez
heureuses d'arracher quelques bribes à
ces gigantesques transports ! Qui sait si
un jour vous ne viendrez pas vous-mê-
mes, stimulées par le dévorant appétit
de vos voisins, prendre une des plus
belles places au splendide banquet qui
semble préparé pour eux seuls ?

Dès à présent, qu'il nous soit permis de
rendre hommage aux efforts énergiques
de ces économistes-penseurs, de ces hardis
industriels, de ces ingénieurs savants qui,
après avoir élaboré dans le silence de
l'étude, dans le calme du cabinet, leurs

projets de Titans s'offrent encore à nous
pour en assumer la responsabilité écra-
sante. Comme l'Atlas antique, ne portent-
ils pas sur leurs épaules ces montagnes
de fer, de vapeur et de fumée qu'ils savent
déplacer, transpercer et pétrir à leur gré,
afin d'ouvrir plus large et plus rapide à
l'habitant terrestre la route qui mène au
bien-être et aux jouissances par l'activité,
la persévérance et le travail ? Grâces donc
soient rendues à ces intelligents pionniers
de la civilisation !

Nous arrivons à la partie morale de
l'œuvre économique ; elle n'est ni la moins
utile ni la moins intéressante. Il s'agit
ici, en effet, d'aborder des questions qui
touchent au cœur même de la société, à
l'essence de la civilisation. Il s'agit de
l'éducation et de l'hygiène de l'homme
qui travaille, de la situation et de la
destinée de la femme compagne de l'ouvrier. Ces questions se tiennent et se lient ;
elles sont ce qu'on appelle connexes :
c'est par elles que nous jugeons opportun

et logique à la fois de compléter notre travail.

L'hygiène populaire est une des premières conditions d'une société bien organisée. Il importe de mettre en lumière les causes qui peuvent affaiblir ces conditions, en insistant tout particulièrement sur un penchant qui prend aujourd'hui un développement plein de dangers pour les classes ouvrières : nous voulons parler de la passion des anesthésiques ou boissons alcooliques dont elles font un si terrible abus ; nous voulons parler de ces mauvaises inclinations qui effacent les bonnes, et dont l'influence désastreuse devient un véritable dissolvant social.

De l'énumération de ces poisons journaliers dont nous chercherons à démontrer les pernicieux effets, nos lecteurs sauront dégager d'eux-mêmes la moralité et tirer les conclusions.

L'Absinthe.

—

Si nous étions tous des Mithridates, il n'y aurait aucune objection à faire contre l'usage et même contre l'abus des anesthésiques, ces passions qui tuent toutes les autres, c'est-à-dire contre ces boissons qui, sous le voile séduisant de la couleur et du goût, cachent un toxique perfide, un horrible messager de mort ; mais l'homme de nos jours est moins vigoureusement trempé qu'autrefois ; sa complexion délicate, à laquelle viennent se joindre les labeurs, les fatigues, les émotions et les plaisirs de la vie civilisée, ne saurait offrir une suffisante résistance à l'usage si souvent immodéré des liqueurs fortes, transformées la plupart du temps par la falsification en véritables poisons.

Un savant distingué, M. Magnant, nous a révélé dans la *Revue scientifique* les effets désastreux des alcools sur la santé et la raison de l'homme ; ceux de l'absinthe, surtout, sont épouvantables. L'absinthe

produit aujourd'hui, en Europe et en
Amérique, les mêmes résultats que le
haschich et l'*opium* chez les orientaux. Il
commence par surexciter ; il finit par
faire mourir. Ses résultats sont depuis
quelques années surtout des cas d'anémie, de dégoût de la vie, d'affaissement
moral, de folie, remarqués en grand
nombre parmi les ouvriers et les militaires. Ce n'est plus de l'ivresse, une
ébriété bruyante donnant lieu à des
scènes de pugilat ou à des intermèdes
grotesques, c'est l'hébètement progressif
de ceux qui sont sous l'empire de cette
dangereuse passion, car l'absinthe est
une passion. Elle en a le désordre et
le grossier absolutisme. Elle en possède
la perfidie et le cl arme. Cette naïade, aux
yeux verts, peut être comparée à la Circé
antique, qui attirait dans sa grotte et les
y étouffait les voyageurs assez imprudents
pour approcher de leurs lèvres la coupe
enchanteresse. On est d'abord tenté par
cette gaîté factice que donne la liqueur
détrempée d'eau, à dose suffisante pour

faire jouer leur rôle aux nerfs hilarants ;
c'est un doux et gracieux entraînement
qui porte au rire, à la fantaisie, à un
galant abandon ; puis vient le besoin
d'étancher — pour peu surtout que l'été
soit chaud — une soif intérieure que semble devoir calmer l'aspect seul du liquide
verdâtre. On s'imagine l'avoir vu sourdre
du milieu de la prairie voisine au sortir
d'un rocher tapissé de lierre, sous la ba-
guette d'un Moïse en jaquette et en tablier
blanc ; puis enfin le goût du *pur* envahit
le malheureux buveur, et une fois pris il
n'y a plus moyen de reculer.

Le buveur d'absinthe perd bientôt toutes
les facultés maîtresses du goût, ce que l'on
appelle les facultés gastronomiques. Les
meilleurs vins deviennent fades pour son
palais ; lorsqu'il les ingurgite, il croit
avaler de la crème ou de la tisane. L'appétit lui-même s'éteint, le désir de la
bonne chère disparaît. Il finit même par
ne plus manger du tout, se contentant
pour toute nourriture du breuvage dont
il ne peut plus se passer : adieu soupers

fins, perdreaux rôtis, galantines aux truf-
fes, arrosés de Pomard, de Romanée et
de Chambertin ! Le restaurant le plus raf-
finé ne vaut pas pour lui le *caboulot* borgne du coin. A la table recouverte
d'une nappe éclatante de propreté et de
blancheur, il préfère le marbre suintant
et sale, le comptoir d'étain d'un infime
liquoriste. On voit souvent, de nos jours,
des jeunes gens de famille se faufiler, à la
nuit tombante, dans des bouges où ne les
attirent ni l'amour ni le jeu, mais l'ardente passion du *perroquet* : c'est le nom
donné dans l'argot du peuple au verre
d'absinthe à l'état pur.

Si nous voulons nous faire une idée
des conséquences de cette passion funeste,
écoutons et ne cessons de méditer les propres paroles de M. Magnant, qui paraît
avoir fait sur ce sujet des études profondes et avoir recueilli des observations
frappantes sur l'effet désastreux des alcools . « Au bout de peu de temps, dit-
« il, l'homme change de caractère ; il se
« montre inquiet, impatient, irritable ; il

« perd le sommeil et devient le jouet
« d'hallucinations effrayantes.—Quelque-
« fois tout éveillé, il aperçoit mille for-
« mes bizarres et inquiétantes. Il voit des
« étincelles, des flammes, des couleurs,
« des ombres, des figures grimaçantes, —
« d'abord insaisissables, — mais qui peu
« à peu grossissent, se rapprochent, puis
« s'éloignent et disparaissent comme des
« fantômes. — Tantôt ce sont des incen-
« dies, des émeutes, des batailles, des
« chutes dans le vide, des écrasements de
« poitrine dans d'étroits passages, comme
« dans les cauchemars. Quelquefois sor-
« tent d'un point d'abord noir et confus
« des prolongements qui deviennent des
« pattes, une tête, une forme d'ani-
« mal étrange, fantastique — un cheval
« qui se termine en éléphant ou en dro-
« madaire — un chat annexé d'un rat —
« — un homme à queue de singe,.et tout
« cela finit par s'agiter, danser, gam-
« bader, sauter sur le lit de l'halluciné,
« traverser les murailles de sa chambre ;
« toute cette fantasmagorie se termine

« souvent par une farce à la *Callot* ou par
« le hideux spectacle de l'assassinat d'une
« personne chère, une mère, une sœur,
« un enfant. »

Ce n'est pas seulement l'organe de la
vue qui devient la proie des hallucinations
engendrées par les boissons anesthésiques; le goût, l'ouïe, l'odorat se perver-
tissent également et offrent tour à tour
aux malades les odeurs les plus nauséa-
bondes et les sons les plus discordants,
semblables aux phénomènes mystérieux
qui accompagnaient, au moyen-âge, les
possessions démoniaques. M. Magnant
cite encore, dans son intéressante et curieuse étude, « le trouble que ressentent
« certains individus à l'aspect de reptiles
« qui semblent se glisser sous leur peau
« entre cuir et chair pour les dévorer;
« d'autres se voient entourés de cercles en
« fil de fer qui les enlacent, les serrent et
« les oppresent; ils passent des nuits en-
« tières à dérouler ces cercles métalliques,
« sans fin ou sans cesse renaissants; par-
« fois ce sont des insectes à mille pattes

8

« qui le rongent et qu'ils arrachent avec
« fureur de leurs plaies, qui leur parais-
« sent corrompues et saignantes. » Arrivé au paroxysme de cette fièvre, à cette
intensité de souffrance imaginaire, le
malheureux obéit à des idées de mort, de
destruction; il est véritablement obsédé,
possédé; il se tue. Est-il tableau plus la-
mentable ?

C'est surtout dans les pays chauds que
l'usage de l'absinthe est encore plus pernicieux. Là, elle tue plus vite. Demandez
aux chefs de corps de nos régiments d'A-
frique; ils vous diront quel nombre infini
de victimes ils ont eu à compter parmi
leurs soldats, et même parmi leurs camarades, depuis la conquête d'Alger; ce
nombre est incalculable.

La conférence faite sur ce sujet à l'asile
des aliénés de Sainte-Anne par M. Magnant portera ses fruits. Son exemple
devrait être suivi. Il serait à propos de
l'imiter, particulièrement dans les grands
centres, où la fleur de la jeunesse bour-
geoise et ouvrière se perd dans l'ivrognerie

et les funestes conséquences qu'elle entraîne. Un pas a été fait, heureusement,
dans ces derniers temps vers la répression
des excès alcooliques. La loi qui les punit
fait honneur au bon sens des législateurs
qui l'ont édictée ; elle couronne digne-
ment la carrière magistrale de notre ami,
M. Falconnet, qui, du fonds de son fau-
teuil de conseiller à la Cour, a étudié cette
question et en a eu la première initiative ;
mais il importe, si l'on veut que cette loi
produise de bons résultats, que ceux qui
sont chargés de l'appliquer ne reculent en
aucun cas devant sa stricte exécution.

Après avoir démontré les effets mor-
bides de l'absinthe et ses conséquences au
point de vue physique, M. Magnant ajoute :
« Si le corps résiste, grâce à un tempé-
« rament robuste, à une constitution puis-
« sante ou à une volonté énergique, les
« phénomènes intellectuels ne tardent pas
« à se déclarer. L'alcoolisme chronique
« conduit à une mémoire affaiblie, à un
« jugement moins sûr ; incapable de dis-
« cernement, l'esprit s'annihile, l'imagi-

« nation s'éteint, la faculté d'associer des
« idées s'amoindrit ; elle arrive à leur in-
« cohérence ; la sensibilité morale émous-
« sée s'efface enfin complètement. Indif-
« férent, apathique, hébété, l'individu n'a
« plus aucun soin de sa personne, ne
« prend nul souci de sa famille, oublie ses
« devoirs et les convenances, ses connais-
« sances et ses amis. Il a baissé dans toutes
« ses facultés intellectuelles, morales et
« affectives. Il se trouve désormais livré
« sans défense aux caprices les plus gros-
« siers, aux appétits instinctifs de l'ani-
« mal ; la raison n'apporte plus un contre-
« poids suffisant à ce mal qui l'a envahi
« et qui le dévore. Les excès sont devenus
« une habitude, une nécessité, une pas-
« sion, et la passion a dégénéré en besoin
« brutal. L'hypocondrie finit par s'en
« mêler, et là encore on n'aperçoit guère
« que le suicide comme remède forcé pour
« un homme qui n'a plus ni intelligence,
« ni raison, ni croyance, ni sentiment.
« Ainsi finit le malade, quand la paralysie
« ou l'apoplexie ne viennent pas guérir

« pour l'éternité son abominable pen-
« chant. »

Ce tableau des effets foudroyants des
alcools sur l'organisation humaine n'est
pas une peinture fausse ou chargée, c'est
l'expression vive et vraie de ce qui se
passe journellement sous nos yeux ; c'est
l'image fidèle des conséquences auxquelles conduit cette rage absurde de l'homme
contre lui-même, contre sa santé, son
bonheur et sa vie.

Il est bon, d'ailleurs, d'avertir les
consommateurs trop confiants que la plupart des boissons anesthésiques qu'on leur
sert sont frelatées ; que le *Pipperment*,
le *Bitter*, et le *Vermouth*, notamment, peuvent par leur abus conduire aux mêmes
abîmes ; que ces liqueurs, connues sous
le nom d'apéritifs, ont des résultats
aussi dangereux dus à la mauvaise qualité des vins employés ou des ingrédients
qui entrent dans leur fabrication.

M. le Dʳ Decaisne a, dans une séance de
l'Académie des sciences, signalé le danger de ces perfides substances ; il a sonné

le tocsin contre les anesthésiques, et il a
rendu là un service immense à ceux qui
ont des oreilles pour entendre et un peu
de prudence pour sauvegarder leur bien
le plus cher, la santé.

Du reste, il faut bien que le péril soit
grand puisqu'il a frappé dans les deux
mondes les meilleurs esprits, et éveillé
l'attention des amis de l'humanité.

· On sait que l'Amérique abonde en *Sociétés de tempérance*, fondées dans le seul
but de corriger ou de réprimer les écarts
de la passion alcoolique. Nous possédons
en France des sociétés analogues, et un
journal intitulé : la *Tempérance*, paraît
même à Paris, sous la direction d'un médecin, le docteur Lumier.

On parle beaucoup depuis quelque
temps de la régénération de notre pays
par l'école : l'école, c'est à merveille !
Mais si nous fréquentions aussi le chalet,
ou plutôt l'étable, ne nous ferions-nous
pas tout d'abord un bon estomac, un corps
robuste, une raison saine et froide ? Donc,
mettons-nous avant tout au lait pur ma-

tin et soir. Ne fermons pas, si vous le voulez, le café, puisque le café est devenu la bourse des petits faiseurs d'affaires ; mais évitons les abus alcooliques qui sont si nuisibles et si dangereux ; renonçons à l'absinthe, et rendons-nous un peu moins esclaves du *gloria* au rhum et du *grog* au kirsch.

Le Café

—

A chacun son goût et son sentiment :
pour nous, le café est plutôt une liqueur
diabolique qu'une liqueur divine ; nous
n'en voulons d'autre preuve que la gloire
pure et sans tache qu'a su conquérir Virgile
sans prendre sa *demi-tasse*, comme le fit
son moderne émule. Mais il est entendu
que, depuis bientôt cent ans, nous ne
vivons en France que d'erreurs, de mensonges, de paradoxes et d'illusions ; aussi,
est-ce grandement à tort, selon nous, que
la mode a posé sur le front de ce petit
prince nubien qu'on nomme *Moka* une couronne d'or, et qu'elle lui a élevé sous notre
soleil hyperboréen un trône aussi puissant
que magnifique. — Il importe donc de
mettre ce parvenu à sa place et de ne rien
exagérer dans les services que peut rendre
à la société ce toxique, aux allures tapa-
geuses, qui cache un véritable venin sous
sa pulpe d'un si délicieux arôme. Ainsi

a-t-on fait du tabac, qu'on a exalté et caressé outre mesure, et sur le compte duquel nous dirons aussi notre mot lorsque son tour sera venu.

Pour le café, nous sommes désolé d'avoir à en dire du mal, car nous l'idolâtrons nous-même, ce faux dieu, ce diable noir comme l'enfer d'où il est sorti, qui sait dissimuler ses flammes, mais qui n'en porte pas moins l'incendie et l'insomnie dans nos nerfs. Nous le détestons au moins autant que nous l'aimons, ce café maudit ; aussi, allons-nous révéler sur lui toute la vérité.

A l'état pur et sans mélange, posons en fait qu'il est déjà, pour les hommes, une occasion ou un prétexte de dérangement et de débauche, une cause incessante de maux, aussi bien au physique qu'au moral, et que, pour les femmes, pris le matin avec addition de lait ou de crème, c'est le plus affreux débilitant de l'estomac, le plus énervant comme le plus perfide persécuteur de la limphe qui soit au monde ; par conséquent le plus abominable déjeûner que puissent choisir nos mères, nos femmes, nos filles et nos sœurs. Demandez à tous les médecins, à tous les professeurs d'hygiène, ils ne feront aucune difficulté de l'avouer. Et cependant, pour ne pas nuire au commerce sans doute, pour ne pas porter préjudice aux épiciers et aux marchands de comestibles, aucun docteur n'ose proscrire absolument le café. C'est là, disons-le, du respect humain, de la condescendance, peut-être même de la concussion... le mot est rude — mais, ma foi, tant pis ! car comment se fait-il que, le café jouissant généralement parmi les médecins d'une aussi mauvaise réputation, son emploi se multiplie autant, son règne soit plus étendu, plus goûté, plus florissant que jamais ? En effet, depuis la portière jusqu'à la grande dame — nous commençons par la portière comme il convient sous un régime démocratique, — toutes les femmes s'administrent chaque matin, à la première heure, ce breuvage empoisonné, ce brevet de mollesse, de défaillance et d'anémie, vrai remède d'amour par-dessus le marché, puisqu'au lieu d'un stimulant de bon aloi, il n'offre à la femme qu'un semblant de vigueur, et n'emprunte à la chaude et expansive tourterelle que sa couleur.

On abuse donc du moka, comme il abuse lui-même de notre tempérament. L'abus a été jusqu'à introduire la fraude au sein de ses fèves irritantes, en les imitant, en les fabriquant avec les matières les plus indigestes et les plus désagréables, orge et pois grillés, féverolles de marais, graines de sureau, de maïs, de capucines, et jusqu'à la terre glaise, qui se prête mieux encore à l'imitation et à la falsification. Quelle différence ! si l'on compare le café, même sans altération, au chocolat, dont la pâte édulcorée et fortifiante relève l'estomac, ravive le sang, qu'il n'enflamme pas, rend à la femme pâle le teint rosé d'une vierge, et enlève vingt ans au vieillard !

Si nous ne poussons pas plus loin ici notre éloge, c'est afin de ne pas être accusé de partialité ; c'est pour qu'on ne nous soupçonne pas de faire l'article pour M. Menier. M. Menier est, assurément, un fort honorable industriel, digne de passer pour un philantrope ; il a neutralisé parmi nous, en vulgarisant le chocolat, les déplorables effets de son rival, le café ; il a popularisé l'usage d'un produit anodin, agréable, en le rendant, pour ainsi dire, accessible à toutes les bourses. Il a sapé l'ennemi dans sa base en lui substituant un similaire, ce qu'avaient déjà pratiqué nos voisins les Anglais, en adoptant de préférence le thé. Mais, après tout, M. Menier n'étant ni le chocolatier des marquis ni le marquis des chocolatiers, nous n'avons à risquer en sa faveur aucune espèce d'hyperbole. La fortune a récompensé les efforts du fabricant de Noisiel : c'est juste et c'est encourageant. Souhaitons donc que l'aveugle déesse continue à récompenser comme cet heureux industriel, ceux qui parviendront, à son exemple, à substituer les bonnes choses aux mauvaises, la sagesse à la folie, le bon sens au désordre, le normal à l'excentrique, le goût raisonné à l'engouement, la règle à la passion sans frein et sans loi. C'est qu'il n'y a pas à balancer aujourd'hui , il s'agit dans tous les rangs, dans tous les ordres d'état, dans tous les genres de conceptions intellec-- tuelles ou matérielles, dans les usages comme dans les abus de certaines subs- tances dominantes, il s'agit d'introduire une salutaire réforme ; il faut protester partout contre le mal.

Ainsi il est à craindre que, sous pré- texte d'un stimulant utile, le café ait favorisé les penchants vicieux, qu'il ait donné satisfaction à des tendances mau- vaises, au jeu, à la paresse, à l'ivrogne- rie, aux vices qui en découlent; et puis, quelle nécessité d'avoir recours aux excitants quand on est jeune? Laissons aux vieux :

> Dont l'âge éteint la voix et les couleurs

Comme dit le poète, laissons aux an- ciens qui succombent sous le poids des jours, des labeurs, des fatigues et des émotions de la vie, un réconfort qu'ils

croient nécessaire à l'entretien de leur
chaleur et de leur énergie. Que les enfants, que les adolescents, que les jeunes
hommes dont la force est dans sa fleur
ne s'ingénient pas à l'étioler par l'emploi
d'un stimulant qui leur est absolument
nuisible. Ils s'abrutissent et s'annihilent,
par la lutte intérieure que se livrent dans
un corps vivace et sain, des forces qui
s'y brisent sans profit pour la santé. Ils
ont en eux la sève, la vie puissante et
naturelle ; quelle nécessité d'y ajouter
une surabondance factice, un supplément
de vigueur inutile, et qui, par la con-
trariété qu'en éprouve l'harmonie même
de la nature, leur échapppe ou leur est
fatal ?

Voilà pourquoi les jeunes gens vieillis-
sent si vite de nos jours ; ils ont épuisé
à vingt ans les ressources que la nature
mettait chez eux en réserve pour un âge
plus avancé ; ils tuent leur jeunesse en
voulant imiter les vieillards. De leur côté,
combien de vieillards succombent en voulant faire les jeunes ! Evidemment, le

monde est renversé ! Que faire pour le
remettre en place ? Ce n'est ni la politique, ni le gouvernement, ni la guerre,
ni la science qui le rétabliront sur sa
base ; mais c'est là le secret de Dieu :
c'est de lui qu'il faut tout attendre en s'y
aidant toutefois, comme dit le vieil adage.
Jusque-là n'éteignons pas la lampe en y
mettant trop d'huile ; ne brûlons pas,
chasseurs imprudents, notre poudre aux
moineaux ; n'écrasons pas dans l'œuf nos
plus chères espérances ; ne détruisons
pas ainsi nos couvées.

Voyez ce jeune homme dont la négli-
gence et l'abandon ont égaré les premiers
pas, chez qui la religion naturelle, c'est-
à-dire les instincts plus ou moins bons
livrés à eux-mêmes sans guide, sans soutien, sans sanction et sans contrôle, n'ont
abouti qu'au triomphe de l'orgueil. Sorti
d'une maison où l'on ne pratiquait d'autre culte que celui de la déesse Raison,
dès le collége il fut l'entraînement et la
perdition de ses petits camarades. Dès
l'âge de quinze ans, il *tuait le ver* au saut

du lit et fumait la cigarette derrière le
dos de ses maîtres, en leur faisant la gri-
mace ; aussi passait-il déjà pour un esprit
fort. Un peu plus tard, nous l'avons vu
descendu, dans sa paresseuse audace, sur
la pente rapide des débauches qui hâvent
et flétrissent avant le temps, n'avoir plus
au moment d'être homme ni volonté, ni
courage, ni vertu : soldat il a fui devant
l'ennemi, comme il avait fui au collége
devant l'étude et le travail. Au retour du
service, il a entrepris mille carrières, sans
s'attacher à aucune, et quand il a voulu
se marier nulle jeune fille n'a osé confier
son sort à un énervé, à un incapable, à
nn lâche.

Voyez, au contraire, cet autre jeune
homme élevé dans une famille chrétienne
où il n'a reçu que de sages conseils, où
il n'a eu sous les yeux que de bons exem.
ples, où il a puisé en grandissant avec le
goût du travail le sentiment des belles
choses : comme il a conservé l'aspect
pur et virginal de l'enfance ! Sa chas-
teté, sa candéur se reflètent sur son doux

visage. Suscitant toutes les sympathies, sa tenue, ses manières, son langage, l'élégante simplicité qui règne dans sa personne, tout chez lui témoigne « en faveur du foyer où il a grandi. » — Il est sain, il est beau, il a horreur des alcools, et ses habits ne sont imprégnés d'aucune odeur de nicotine. Il peut parler à une jeune fille sans la forcer à détourner la tête avec dégoût; il est digne d'être son mari, aussi devient-elle bientôt sa femme. Voilà le couple qui rappelle et résume en lui le type que Dieu créa jadis à son image : Voilà l'Eden retrouvé en plein xix° siècle ! Une génération forte et courageuse naîtra de cette souche florissante. C'est là qu'est le bonheur. C'est là qu'est l'espoir et la dignité de l'avenir ; et dire que pour y arriver nous n'aurions tout simplement qu'à reprendre la route du bon sens et du bon goût !

Le Tabac

—

« Vive le vin, l'amour et le tabac,
« Voilà, voilà le refrain du bivouac. »

C'est ainsi que chez nous tout commence et finit par des chansons : notre
première école, ou du moins celle dont
nous suivons le plus volontiers les leçons,
c'est l'opéra comique. Les vérités d'opéra
comique passent en France avant toutes
les autres. Elles ont sur nos mœurs une
influence énorme. Elles sont répandues
dans toutes les villes, dans tous les can-
tons, dans toutes les bourgades, par les
orgues de Barbarie, et ce qu'ont une fois
chanté parmi nous ces professeurs de
musique nomade, la foule l'applaudit, le
retient et ne manque pas de le mettre en
pratique. Nous ne croyons pas avancer un
paradoxe, en affirmant que le refrain cité
en tête de ce chapitre a contribué à faire,
en France, beaucoup de mauvais sujets.
Il est vrai qu'en manière de compensa-

tion, il a considérablement augmenté les recettes de la régie des contributions indirectes. Le Trésor s'en est frotté les mains, mais qui pourrait nombrer les conséquences malheureuses qu'a entraînées cette joyeuse rangaine, qui n'est pas aussi innocente qu'elle en a l'air, puisqu'en définitive elle préconise le tabac, c'est-à-dire le premier poison, le premier dissolvant des sociétés modernes.

Oui : celui qui le premier a importé chez nous cette plante néfaste aura à rendre compte là haut d'une bien grande faute ; ce ne sera pas trop d'un éternuement de plusieurs siècles pour laver un pareil méfait.

La saine raison conçoit-elle le plaisir que peut avoir un homme jouissant de toutes ses facultés à se fourrer dans le nez, du matin au soir, une poudre nauséabonde, ou à s'introduire dans la bouche une sorte de tuyau de cheminée dont la fumée noirâtre n'est bonne tout au plus qu'à asphyxier les punaises et à chasser les moustiques ? — Un appareil quelcon-

que — chaufferette ou brûle-parfums —
pourrait à ce point de vue rendre les mêmes services ; l'homme ainsi débarrassé de
cet adjutorium désagréable appelé la pipe,
conserverait ses dents saines et ne verrait
plus fuir à son approche les mouches et
les demoiselles, celles qui volent dans
l'air et celles qui vont à pied.

Combien sous ce rapport l'animal est
supérieur à l'homme ! Comme il dédaigne
tous les besoins factices que celui-ci appelle la civilisation, état avancé qui prouve
il est vrai son intelligence, mais qui
donne chaque jour un démenti formel à
sa raison ! Oui, l'homme est un être su-
périeurement intelligent, mais essentiellement déraisonnable. Chez lui la fantaisie et l'abus gâtent sans cesse les choses
les meilleures. Il ne sait pas se tenir à
égale distance de ce qui peut lui nuire ou
lui être avantageux. Il faut qu'il atteigne
le but poursuivi par ses instincts, ses
goûts, ses caprices et son imagination,
sauf à le dépasser et à en souffrir. Singulière destinée que celle de ce seigneur et

maître, qui semble n'avoir vaincu les
puissances de la création, conquis les richesses de la terre, dompté les éléments,
dominé la matière, que pour lui obéir, s'y
asservir et se laisser dominer par elle à
son tour ! Car, voyez, dans ses mains toutes les conquêtes, toutes les dominations,
toutes les victoires deviennent autant d'armes qui tournent contre lui : la poudre à
canon le culbute et le tue ; la vapeur le
fait sauter en l'air plus souvent que de
raison ; la télégraphie attire sur sa tête la
foudre ; l'imprimerie lui cause plus de sou-
cis et d'ennuis que s'il ne savait ni lire
ni écrire. Il lui manque évidemment un
casier dans la tête puisque, si bien organisée qu'elle soit, il ne sait ni se maintenir dans un juste équilibre, ni profiter dans
une sage mesure des biens que lui procure
son génie.

Et en disant toutes ces choses nous ne
sommes pas aussi éloigné du tabac qu'on
pourrait le croire. Le tabac est une cause
de perversité et de ruine pour ceux qui en
ont la passion. Il les conduit à l'abandon

de leurs affaires par la fréquentation des
lieux où il se consomme, à l'absorption, à
l'énervement complet de l'individu, par
l'éloignement des milieux de culture sociale et intellectuelle qui sont ses antipo-
des. La nicotine (suc du tabac) endort les
facultés comme la morphine endort la vie,
par un sommeil plus lent sans doute,
mais qui finit par le sommeil de l'éternité,
tout comme l'autre. Les philanthropes l'ont
si bien compris qu'ils s'élèvent énergiquement, à l'heure qu'il est, contre la
soumission, ou plutôt contre l'asservisse-
ment de la génération présente à ce tyran,
aussi monstrueux au fond dans ses effets,
qu'il est peu gracieux dans ses façons d'a-
gir et dans le sans-gêne de ses procédés,
si inconvenants d'ailleurs dans la forme.

Nous avons dit que des sociétés de tempérance existent en Angleterre et en Amérique pour combattre l'abus des liqueurs
fortes. Des sociétés semblables se sont
formées en France, en opposition à l'usage
seul du tabac. Nous avons sous les yeux
un prospectus émanant d'une compagnie

qui s'intitule : *Association française* contre l'abus du tabac. L'auteur de ce travail parle en médecin et en moraliste, mais nous doutons qu'il soit fort écouté des consommateurs et que la régie soit disposée à lui adresser sa cotisation. Bien plus, nous lisons aujourd'hui dans un journal une diatribe virulente, écrite à l'adresse de l'association en question et à la charge de tous ceux qui ont l'audace de prêcher l'anti-tabac. On les accuse de porter atteinte aux droits du Trésor public, et on menace en même temps de les traduire en police correctionnelle comme empiriques, s'ils continuent à le prendre sur ce ton et à jouer ainsi avec les intérêts du fisc. Nous avons nous-même personnellement connu un directeur des contributions indirectes qui notait très-mal, pour l'avancement, les employés de son administration qu'il rencontrait fumant. Ce drôle de corps, (à coup sûr il n'en avait pas l'esprit), détestait le tabac et ses conséquences, aussi sa retraite, qui ne tarda pas à lui arriver, fut-elle saluée par les débitants et les rece-

veurs-buralistes d'un immense et légitime
vivat ! Il faut en effet, avant tout, être de
son état et faire son métier. Pourquoi se
charger bénévolement de la rentrée de
l'impôt sur le tabac lorsqu'on a la pipe en
horreur ? — « J'ai sans doute d'autres vi-
« ces, disait ce brave homme, mais je
« n'ai pas ce défaut là. » — Voilà du
moins qui est parler avec franchise et qui
excuse sa manie ; c'était là sa façon de
protester contre un abus dont il profitait
légalement comme administrateur, mais
qu'il condamnait absolument comme
homme.

Sans prendre ici entièrement parti contre le tabac en montant une cabale qui
aurait l'air d'une spéculation d'un autre
genre, nous pensons que les écrivains et
les moralistes de monnaie courante — au
nombre desquels nous plaçons les jour-
nalistes — doivent réagir contre une sub-
stance qui entraîne à mille relâchements,
et par conséquent porte atteinte à l'esprit
de sociabilité comme aux habitudes d'une
bonne éducation. D'un autre côté, sans

nous piquer personnellement d'être un hygiéniste à tous crins et un philanthrope *quand même*, nous constatons que l'abus du tabac est devenu, avec celui de tous les excitants à la mode, une véritable calamité générale, qui demande à être combattue et maintenue dans de justes proportions et limites. Les maladies mentales et les troubles de toutes sortes introduits dans l'organisme humain comme dans la société par la *nicotine*, constituent un mal public permanent dont chacun de nous peut se croire autorisé à devenir le médecin, sans qu'il soit besoin de produire son diplôme revêtu de la signature de monsieur le doyen et marqué du sceau de la Faculté.

Les alcazars.

—

Nous avons parlé des alcools, du café, du tabac, et nous avons considéré ces excitants comme autant d'agents corrupteurs du peuple, du militaire, de l'ouvrier des villes surtout, parce qu'il en fait un fainéant, un dépensier, un ergoteur, en lui rendant l'atelier et le foyer odieux, en l'éloignant peu à peu, et sans qu'il s'en rende compte lui-même, de la voie rationelle et sage que doit suivre tout homme qui se respecte, tout homme pénétré de ses devoirs de père de famille et de citoyen. — Il existe en dehors de ces poisons absorbés à doses irréfléchies par la plupart des travailleurs, des petits bourgeois, des militaires et des employés, des lieux de perdition qui, non-seulement les dimanches et fêtes, mais même plusieurs jours par semaine, ouvrent leurs portes flambantes des clartés

du gaz à la jeunesse oisive, aux filles per-
dues, aux racoleuses et aux proxénètes
de tous les étages ; nous voulons parler
des bals publics, des casinos, jardins des
fleurs, hermitages, élisées et alcazars, dont
les flons-flons assourdissent les cités et
leurs banlieues. Ces paradis de Mahomet
se sont énormément multipliés depuis
quelques années et les houris qui les fré-
quentent, comme autant de sirènes dan-
gereuses, n'ont pas peu contribué, en
1870, à arrêter l'élan de nos jeunes soldats, alors qu'oubliant Mars et les armes,
ils s'endormaient dans les mollesses du
gynécée, faisant la sourde oreille aux appels de la patrie, mère agonisante et dé-
solée qui réclamait leur secours ! Nous
avons honte de le dire ! c'est aux capti-
vantes voluptés de ces drôlesse, aux ac-
cords de leurs mandolines, aux refrains
égrillards de leurs chansonnettes, que
nous avons dû de voir tant de *mobiles*
s'immobiliser, tant de reculades et de jeu
de *cache-cache* parmi nos conscrits et nos
garde-nationaux, et que nous en sommes

arrivés à la porte de deux provinces, à
une dette effective de dix milliards et à
la destruction de 300,000 de nos frères,
ainsi nommés par autant de Caïns sans
vergogne et sans cœur !

L'alcazar ! c'est là, en effet, que se présentent sous les traits les plus séduisants,
tous les plaisirs faciles, toutes les jouissances des sens, toutes les fééries de l'i-
magination inflammable des hommes de
vingt ans ; c'est là que la coupe enchantée
leur est offerte par des divinités couron-
nées de roses, qui se déguisent en alsa-
ciennes pour chercher à les émouvoir
sous un semblant de patriotisme, en leur
versant du faro de Strasbourg et de la
chartreuse des Alpes. — Méfiez-vous, ô jeunesse aveugle et crédule ! ces liqueurs
perfides, offertes par des grâces en petits
sabots, ne vous rendront ni la force, ni le
courage, ni l'amour de la patrie que vous
avez perdus ! Ce n'est pas dans ces écoles
de laissé-aller, de morale facile, disons-le
même, de licence, que vous apprendrez la
tenue, la pudeur, la réserve, la sobriété,

toutes ces vertus devenues aujourd'hui plus
que jamais nécessaires à un peuple qui
veut se régénérer, vivre en travaillant,
comme dit l'ancien axiôme républicain,
qui veut prendre sa revanche et reccn-
quérir son rang social et politique. A coup
sûr, ce n'est ni Berthelier, ni Mme Judic, ni
Thérésa, ni Brididi qui formeront votre
esprit et perfectionneront votre éducation
civile et militaire. Tant que vous fréquen-
terez les cafés, les casinos et les alcazars,
l'Etat risque fort de ne trouver en vous
que des renégats au jour du danger, que
des fuyards dans la bataille. Vous êtes
ramollis et sceptiques, parce que vous êtes
gourmands et débauchés ; vous êtes pol-
trons et lâches, parce que le lupanar a
énervé vos corps et éteint en vous tout
sentiment de dignité. La note légère et
coquette de la chansonnette comique vous
a fait oublier les mâles accents de la trom-
pette stridente ; le tambour de votre régi-
ment n'est plus qu'un tambour de basque ;
aux appareils de Remington, de Sniders
et de Chassepot, trop lourds pour vos bras,

vous préférez la castagnette et le mirliton, qui sont d'un port plus facile et beaucoup moins dangereux.

Sont-ce là les leçons que vous ont données vos aïeux ? Sont-ce là les exemples que vous ont légués vos pères ? Eux aussi aimaient les fêtes et les plaisirs, mais ils y mêlaient l'amour, que vous ne connaissez plus ; mais au premier appel du pays, ils savaient s'arracher des bras qui les retenaient pour le défendre avec honneur, tandis que vous vous cachiez dans l'alcôve, attendant que la maison brûle pour vous esquiver sans bruit.

Le théâtre lui-même est devenu pour vous une école de perversité. Ceci a l'air d'un sermon, mais c'est une vérité qu'il est bon de proclamer aussi bien dans les livres que dans la chaire de la paroisse ; au lieu d'aller puiser au théâtre les nobles émotions qui grandissent, les purs sentiments qui élèvent, on dirait que vos maîtres eux-mêmes, vos maîtres dans l'art de la parole et de la scène, n'ont cherché qu'à alimenter vos tristes penchants, qu'à

encourager vos écarts. Certes, ils sont
plus coupables encore que vous, ces ins-
tituteurs funestes, car en caressant vos
idoles ils sont infidèles au mandat qui
leur a été dévolu, ils déchirent hardiment
cette légende tutélaire : « *Castigat ridendo
mores !* » que Molière, avec autant d'à-pro-
pos que de génie, avait inscrite sur son
rideau.

Aux sujets que nous venons de traiter
se rattachent, comme principes d'un ordre
primordial et supérieur, les plus importantes questions du jour. C'est par leur
examen que nous terminerons notre petit
code d'économie politique et de morale.

Du travail et du salaire des femmes.

I

Le congrès des ouvriers avait placé en
tête de son programme une question qui
s'agite depuis longtemps dans le monde
civilisé, — nous dirons même une des
questions dont la solution nous paraît la
plus intéressante et la plus importante,
parce qu'elle touche à la fois à la morale
et au cœur de l'humanité : la question du
travail et du salaire des femmes.

Déjà, il y a quelques années, l'Académie

de Lyon avait mis cette question au concours, et elle avait offert un prix de douze
cents francs à l'auteur du meilleur mémoire qui lui serait adressé sur ce sujet
dont l'opportunité n'a pas cessé, et dont
elle posait ainsi les termes :

« Etudier, rechercher, — surtout au
« point de vue moral, — et indiquer aux
« gouvernants, aux administrateurs, aux
« chefs d'industrie et aux particuliers, les
« mesures les plus pratiques :

« 1° Pour élever le salaire des femmes
« à l'égal de celui des hommes, lorsqu'il
« y a chez elles égalité de service ou de
« travail.

« 2° Pour ouvrir aux femmes de nou-
« velles carrières et leur procurer des
« travaux qui remplacent ceux qui leur
« sont successivement enlevés par la con-
« currence des hommes et la transforma-
« tion des usages et des mœurs. »

Nul doute que ces questions aient été
traitées avec vigueur et avec succès par
un grand nombre d'économistes et de
moralistes ; pourquoi leurs mémoires

n'ont-ils pas reçu toute la publicité qu'ils méritaient ? C'est que, malheureusement, les travaux de nos académies provinciales sont condamnés, dès leur naissance, à l'ombre et à l'oubli, c'est que, jusqu'ici Paris semble s'être seul attribué le monopole des grandes idées et des hautes questions économiques et sociales. Ce que nous croyons savoir, toutefois, c'est que tous les écrivains qui ont abordé ce grave sujet ont été d'accord pour reconnaître que la femme à laquelle manque un soutien de famille, un patrimoine ou une alliance légale, gagnait à peine son pain quotidien ; qu'ils ont constaté que beaucoup d'industries ou de fonctions qui pourraient être exercées par des femmes sont aujourd'hui confiées à des hommes. Ils nous ont appris que, dans les grandes villes, notamment, ce sont les hommes qui fabriquent les modes, les dentelles, les nouveautés dites confections; qui tiennent des ouvroirs, des comptoirs, des ateliers de broderies, des caisses; qui occupent, en un mot, la plupart des positions

sédentaires et calmes, plus particulièrement destinées par leur nature, à être
du domaine des femmes. — Institutions
de jeunes filles, — direction d'écoles, de
salle d'asile, — bureaux de poste, — télé-
graphes, — comptoirs, — caisses, — atelier de travaux d'aiguilles, — recettes de
chemins de fer,—garde-barrières,—il est
certain que les femmes peuvent remplir
convenablement ces fonctions. Il est même
certain qu'elles en rempliraient beaucoup
d'autres encore, et que la plupart s'en ac-
quitteraient aussi bien, sinon mieux que
les hommes, si elles possédaient l'instruction et les connaissances préalablement
nécessaires. Mais on ne pourrait obtenir
ce résultat qu'en modifiant de fond en
comble, l'éducation de la plus belle moitié
du genre humain. Or, nous avouerons, pour
notre part, qu'il nous est profondément
triste et douloureux de penser que cet
être faible et charmant qu'on appelle la
femme, et qui doit rester l'idéal de
l'homme, pourrait être martyrisé au point
de devenir la proie des cuistres dans son

enfance, et plus tard un instrument *utili-taire* ; qu'au lieu de faire la joie, les délices et la consolation de sa maison, la femme devra comme l'homme se livrer à des travaux qui énervent ou abrutissent son intelligence, après avoir fatigué son corps.

Il nous paraît donc que le point de vue doit être tout d'abord déplacé, et que la première proposition à examiner est celle-ci :

La femme a-t-elle été créée et mise au monde pour travailler d'un métier et pour gagner comme l'homme un salaire ?

Il y a plus de quarante ans qu'on parle, en France, de l'affranchissement de la femme, — comme si le christianisme n'avait pas produit cette œuvre immense, — et qu'on crie sur les toits que la femme est l'égale de l'homme. La grande découverte, en vérité ! Comme s'il n'était pas avéré et reconnu depuis des siècles que, non-seulement la femme est l'égale de l'homme, mais qu'elle lui est sous certains côtés supérieure, puisqu'elle est

destinée à devenir sa mère et son institutrice. — Epouse et maîtresse, voilà, certes, deux attributs qui sont un signe évident d'égalité, voire même de supériorité.
Des philosophes, des penseurs, qui n'é-
taient pourtant pas les adeptes des doctrines de Bazar ou du père Enfantin, ont
souvent répété « que la position de la
« femme, inférieure et de plus en plus
« précaire, relativement à celle de
« l'homme, position si contraire à la jus-
« tice et à la dignité humaine, était la
« source d'une foule de désordres mo-
« raux et physiques, auxquels il était ur-
« gent d'apporter un remède, en dévelop-
« pant chez la femme l'instruction pro-
« fessionnelle, etc. » D'où il faudrait
sans doute conclure que la colonne serait plus solidement assise sur sa base,
et que tout serait pour le mieux, dans le
meilleur des mondes, si les femmes al-
laient au collége, si elles apprenaient le
latin, si elles étaient reçues bacheliers ou
docteurs, et si elles pouvaient arriver conseillers d'Etat, directeurs généraux, minis-

tres du commerce, de l'agriculture et des
travaux publics.

Si l'on admet une fois l'égalité de la
femme, ainsi entendue, c'est évidemment
le bouleversement radical de notre état
social actuel qui doit en être la conséquence. Mais y avez-vous bien sérieusement songé, ô hommes inconsidérés que
vous êtes ? Vous voulez vous américaniser
au point de faire de vos filles des caissiers
de maisons de commerce, des contre-maî-
tres de fabriques, des employés de banque,
des chefs de gare, que sais-je ? Mais, dans
leurs jours de folie et d'ivresse, dans les
prédications les plus osées de Ménilmon-
tant, les disciples de Saint-Simon n'ont
jamais été si loin. Nous avons sous les
yeux un article du *Globe*, du 22 février
1832 ; nous allons en extraire un passage
et vous reconnaîtrez, après l'avoir lu, que
les doctrinaires de la rue Monsigny étaient
véritablement plus raisonnables, plus
sensés que nous, qui tendons aujourd'hui,
non pas vers l'affranchissement de la
femme, mais vers son esclavage, car en

rivant la femme, la mère de nos enfants, aux chaînes d'un métier, aux exigences journalières d'une profession, en fixant ses mains délicates aux durs étaux du travail pour vivre, nous contrarions l'accomplissement de ses devoirs naturels, nous entravons sa destinée sociale, nous lui dénions sa mission exclusive d'institutrice de la famille.

« Nous aussi, disait, en 1832, le prédicant de l'Eglise de Toulouse, — c'est « ainsi qu'ils s'intitulaient, — nous aussi, « nous avons cru à l'inégalité naturelle, « éternelle de l'homme et de la femme. « Nous avons cru qu'elle n'était dans les « mains de l'homme qu'un instrument « qu'il pouvait faire résonner selon son « caprice, un jouet qu'il pouvait caresser « et briser à son gré : nous n'avons pas « toujours éprouvé une généreuse indi- « gnation pour tant d'existences de fem- « mes flétries et brisées ; nous n'avons « pas toujours gémi de cette odieuse « profanation de la beauté, de la jeunesse, « de l'innocence.

« Gloire à ceux qui nous ont rendus plus
« justes et meilleurs en nous éclairant,
« qui nous ont rendus plus heureux en
« nous révélant la plénitude de la vie,
« qui n'est pas dans l'homme et la femme
« isolés, mais dans l'égalité de l'homme
« et de la femme religieusement unis par
« le cœur !

« Tant que la force brutale et le hasard
« aveugle se sont partagé l'empire du
« monde, tant que l'homme n'a connu de
« droit que celui du plus fort, il n'a pas
« demandé à la femme l'appui de son fai-
« ble bras ; le fort a fait la loi au faible.
« Mais le règne de la violence est à sa fin ;
« à la force brutale, au hasard aveugle
« succèdent la tendresse prévoyante et
« l'autorité paternelle ; alors l'homme
« sentira la faiblesse et l'impuissance de
« son isolement, et tendant la main à la
« femme, son égale, il lui demandera
« l'appui de son amour.

« Harmoniser, lier, inspirer, voilà sa
« tâche, aussi grande que celle de l'homme,
« qui pousse la société vers son but, qui

« effectue et règle le passage du présent à
« l'avenir. »

Ainsi, en proclamant l'affranchissement
de la femme par l'amour et non par le
travail, lot qu'elle semblait réserver ex-
clusivement à l'homme, remarquez-le
bien, — la doctrine saint-simonienne,
qui errait dans l'application parce qu'elle
ne reconnaissait d'autre sanction à l'union
des deux sexes que l'amour lui-même,
cette doctrine avait posé de nouveau le
grand principe, le dogme vivifiant de
toute société. Seulement, en exaltant ainsi
la femme, en faisant un appel chaleureux
à ses instincts d'indépendance, les ca-
suistes de la rue de Monsigny avaient ou-
blié la mère, ou du moins ils l'avaient re-
léguée au second plan sans définir nettement sa mission. Ils n'avaient pas satisfait
dès lors à toutes les conditions, à toutes
les exigences d'une société véritablement
religieuse et morale, et c'est par là que la
secte devait périr.

II

Considérant donc la femme comme destinée à devenir mère, c'est-à-dire comme absolument désignée dans l'ordre naturel pour être la nourrice et la première instilutrice de la famille, nous dirons : « En « créant à l'artisan, à l'employé, une con- « currence dans la femme salariée, ne ris- « quons-nous pas d'éteindre cette flamme « qui rayonne des yeux et du cœur de la « femme pour éclairer l'homme, pour lui « rendre plus facile et plus doux le che- « min de la vie ? En faisant de la femme « un frère en franc-maçonnerie, un ou- « vrier compagnon, ne risquons-nous pas « de retirer à l'homme une compagne ! » Ceci est sérieux, — il faut y réfléchir : vous allez briser peut-être le dernier lien, l'anneau qui unissait la dualité humaine; vous allez porter le dernier coup à l'amour, cette *loi des lois*, comme l'appelle le poète, l'amour ! que la jeunesse du siècle ne connaît même plus ! Vous allez porter le dernier coup à l'abnégation, au dévouement, au sacrifice, en introduisant l'antagonisme où devait sourire la paix, la mésintelligence où devait régner l'harmonie ! Vouloir élever le salaire de la femme à l'égal de celui de l'homme et lui créer une place aussi vaste que celle qu'occupe l'homme dans la hiérarchie industrielle, commerciale ou professionnelle, c'est mettre la femme dans l'impossibilité de remplir ses devoirs de mère ; c'est détruire non-seulement l'attrait de la vie de famille, mais l'institution sociale elle-même ; c'est créer à l'infini les crèches, les hôpitaux, les maisons de refuge, les salle d'asile. Or, la crèche et la salle d'asile remplaceront-elles jamais pour l'enfant le giron maternel ? L'hôpital et la maison de refuge vaudront-ils le toit de l'époux pour ces femmes qu'un travail mieux rétribué peut-être, mais continuel, mais sans trêve ni répit, aura condamnées à la perpétuité de l'isolement, s'il ne les plonge pas, — ce qui serait plus à craindre et plus redoutable encore, — dans les désordres de la plus honteuse prosmiscuité ?

Les conséquences morales de l'élévation de prix du travail des femmes et la
parité de salaire à établir pour les deux
sexes, qui pourrait les prévoir ? Elles amè-
neront forcément le déplacement des pôles
et des horizons sociaux.

L'Amérique, où ces idées commencent à être en honneur, nous en fournit la
preuve. L'élévation du salaire des femmes,
en les détournant, par l'attrait de l'indépendance et du lucre, de tout instinct, de
tout penchant honnête, fait place dans
leur cœur, ou plutôt dans leur tête, à des
sentiments extravagants, aux idées les plus
excentriques et les plus subversives. Pour
elles, la vie n'est plus qu'un carnaval, et
il ne saurait en être autrement quand les
rôles sont intervertis, quand la femme
n'est plus qu'un personnage déguisé en
homme. Déjà n'avons-nous pas vu, en
Angleterre, des femmes réunies en club et
vêtues d'habits masculins proscrire, par
serment et à tout jamais, les grâces et les
ornements de leur sexe ? Ailleurs, c'est
Mme Branch, une Illinoise ou Missourienne
quelconque, qui nous dit :

« Je n'ai pas peur de regarder la ques-
« tion du mariage en face et de dénoncer
« cette institution comme la seule cause
« de la dégradation et de la misère de la
« femme. C'est au mariage que la femme
« est redevable de ses tourments, de son
« esclavage, de son cœur brisé. Vous dites
« que la femme a droit au travail, droit à
« enseigner, droit à voter, droit à se ma-
« rier, mais vous ne dites rien des droits
« pour la femme d'aimer quand il lui
« plaît, où il lui plaît et celui qui lui
« plaît. »

Voilà ce qui se profère en Amérique
par la bouche de la femme libre, libre
d'enseigner, de voter et de se marier librement, c'est-à-dire sans lien moral ou
religieux, sans la sanction divine qui seule
garantit à l'homme la fidélité de sa femme,
son bonheur, l'avenir de sa famille, le
sort de ses enfants ! Voilà ce qui se prê-
che publiquement à New-York, à Was-
hington, à Philadelphie, aux applaudisse-
ments d'un peuple que régissent des institutions fédérales et humanitaires ?

Au surplus, il y a longtemps que l'industrialisme et le mercantilisme ont matérialisé l'Amérique ; mais si, de l'autre côté de l'Atlantique, la femme a pris ce ton et ces allures, sachons l'en préserver chez nous. Pour cela, idéalisons la femme au lieu de la matérialiser ; répétons même dans cette intention à nos fabricants, à nos chefs d'industrie et d'ateliers, à nos artisans de tout état et de toutes œuvres, ces belles paroles qu'un prince français (1) faisait entendre autrefois dans un de nos concours provinciaux :

« Si l'industrie, disait-il, substituant la
« machine au bras de l'homme lui pro-
« met de relever son front que courbait
« un pénible labeur, c'est pour qu'il puisse
« porter son regard plus loin. Que vos
« enfants, que vos jeunes générations,
« pour l'avenir desquels nos pères ont
« prodigué leur sang, soient préservés,
« par une éducation forte et libérale du
« poison mortel du matérialisme ; que le

(1) Napoléon (Jérôme.) Discours à l'Exposition de Limoges (1858).

« bien-être ne soit pour eux que le moyen
« d'affranchir l'esprit et de lui rendre
« toute sa liberté ; que l'art, la science,
« la philosophie, ne cessent de planer au-
« dessus du monde industriel qui, sans
« leur inspiration, s'asservirait à la ma-
« tière au lieu de la dominer. — Cultivez
« dans vos artisans le côté de leur pro-
« fession qui les rapproche des artistes,
« dans vos industriels celui qui les rap-
« proche des savants. Que les favorisés de
« la fortune ne laissent pas s'affaiblir en
« eux le besoin des jouissances intellec-
« tuelles, le goût des lettres, des arts, et
« de ces hautes spéculations de la pensée
« sans lesquelles s'éteint bientôt, au sein
« des sociétés, la vie politique, religieuse
« et morale. A ces considérations seule-
« ment, nous assurerons la durée des
« grandes conceptions de notre siècle. Si
« les jouissances matérielles devenaient
« l'unique mobile de notre société, elle
« ne tarderait pas à s'enfoncer dans les
« ténèbres où ont disparu les peuples qui
« ont méconnu le côté moral de la civili-
« sation. »

Ce qui se disait en 1858 aux industriels, disons-le aujourd'hui aux économistes : si vous matérialisez la femme en étendant pour elle le cercle des travaux manuels, des emplois et des salaires, vous ôterez immanquablement à une foule de jeunes filles l'envie de devenir épouses légitimes, car elles puiseront dans l'indépendance de leur position un sentiment nouveau de liberté qui, vicié par le défaut d'éducation, les portera à n'écouter que leurs penchants naturels, sans règle, sans limites, sans sanction légale ni morale. Chez les femmes mariées, — en excitant la cupidité, l'ardeur du gain, vous les éloignez de leur rôle de mère, vous les empêchez de remplir convenablement leurs devoirs envers leur famille ; vous détruisez peu à peu les liens qui unissent les enfants aux parents. Or, je ne sais si la pauvreté sympathique et aimante ne vaut pas mieux encore que l'aisance, que la richesse amenant avec l'indifférence au sein de la famille, la sécheresse du cœur, peut-être même la haine avec l'envie ?

III

Il s'agit donc bien moins, à notre avis,
d'augmenter, avec le salaire, le nombre des
femmes capables de pourvoir à leur existence par un métier, une fonction, un
emploi, que de déterminer les catégories
de travaux qu'il peut être urgent et con-
venable de laisser aux femmes, lorsqu'elles
se trouvent réduites par la misère, l'a-
bandon ou le défaut de famille, à gagner
leur pain. Il s'agit bien moins, par conséquent, de multiplier les classes industrielles en leur créant dans la femme une
concurrence, que de moraliser ces classes
et de les amener, par une combinaison
financière ou administrative quelconque,
à généraliser parmi elles l'état de mariage.
Déjà, on a beaucoup fait dans ce sens en
appliquant à certaines classes de déshé-
rités une série de mesures législatives, au
nombre desquelles se placent en première
ligne les secours mutuels et l'assistance
judiciaire ; toutefois, il reste encore beau-

coup à faire ; la question que nous agitons
en ce moment le prouve surabondamment ;
mais à quel terme doit-elle aboutir ? Répétons-le : à l'exaltation du mariage qui
est encore la meilleure des coopérations,
l'association la plus féconde et la plus naturelle — car c'est dans cet état légal que
l'ouvrier comme le bourgeois, le pauvre
comme le riche, doivent trouver leur refuge, leur repos, et la somme de bonheur
intime nécessaire à l'homme ici-bas.

La destinée de la femme ne fut pas —
ab principio — d'aider l'homme dans son
travail manuel, de concourir avec lui aux
rudes labeurs de la vie, auxquels se refuse
d'ailleurs sa faiblesse, mais de remplir
son cœur de joie et les échos de sa maison
de doux murmures. Les consolations, les
douceurs morales, la poésie de sa famille
et du foyer, voilà ses instincts, ses ressources, son apanage à elle, qui ne vivrait
volontiers que de sentiments et d'émotions sympathiques, si la société et l'éducation lui fournissaient toujours les moyens
de cultiver les plus hautes facultés de son
âme.

Résumons-nous : la question du travail des femmes est une question complexe qui touche aux considérations les plus sérieuses, où sont engagés l'avenir, le bonheur de l'homme, la stabilité de la famille ; une question qui embrasse tout un cercle de devoirs et de rapports sociaux d'un intérêt puissant et permanent. Le congrès des ouvriers de 1876 ne nous a paru avoir mis en lumière aucun génie capable de la résoudre. Elle reste donc, jusqu'à nouvel ordre, du domaine exclusif des penseurs, des philosophes et des économistes. Elle offre toujours aux disciples de Malthus et de Cobden, comme aux adeptes des doctrines les plus orthodoxes, un de ces vastes champs ouverts à la discussion, où la civilisation et le progrès donnent rendez-vous à toutes les idées humanitaires, qu'elles soient pratiques et réalisables ou tout simplement des utopies non viables. Nous n'avons pas la prétention d'avoir découvert la panacée si généralement recherchée pour porter remède au mal dont se plaignent les classes ouvrières ; mais si l'on ne veut pas dépasser le but, cette question du travail et du salaire des ouvriers des deux sexes nous semblerait pouvoir se réduire à trois ou quatre articles d'un décret ou d'une loi qui, analogue à celle qui a réglé le travail des enfants dans les manufactures, déterminerait :

1° Les professions ou emplois dévolus aux femmes et dont il y aurait convenance à écarter absolument les hommes.

2° Fixation d'un minimum de salaire par journée de travail pour chaque ouvrier des deux sexes.

3° Élévation du salaire des travailleurs au moyen de tontines ou caisses de boni, fondées dans tous les établissements industriels et dont la verrerie de Baccarat, entr'autres, peut fournir le modèle. (1)

(1) Les usines de Baccarat, où se confectionnent de si beaux ouvrages de cristallerie, présentent, en effet, l'application la plus parfaite des associations ouvrières, non pas telles que les rêvent les démocrates socialistes et leurs adeptes, mais telles que peuvent les réaliser la probité et le bon sens, unis aux meilleurs sen-

4° Dotation ou prime allouée — soit par l'Etat — soit par les établissements industriels eux-mêmes — au moyen d'un fonds spécial provenant de retenues ou de sous-

timents d'humanité et de prévoyance. Ainsi, dans cet établissement modèle dont la prospérité est au comble, parce que maîtres et travailleurs s'entendent et se trouvent tous d'accord pour le bien-être commun, les deux principales catégories d'ouvriers — les verriers et les tailleurs — sont organisés par brigades composées de trois ou quatre compagnons de divers grades, et de un à quatre apprentis : chacun d'eux touche un traitement fixe proportionné à son grade et à son degré d'habileté. Le travail de chaque brigade est, en outre, réglé à la pièce sur un registre spécial qui est toujours à sa disposition et qu'elle peut contrôler chaque fois qu'elle le désire. L'excédant du montant de travail à la pièce sur la somme des traitements affectés à chaque brigade est réparti, à titre de gratification, entre les maîtres et compagnons dans des proportions réglées suivant les grades. Les tarifs sont d'ailleurs calculés de telle sorte que le montant du travail à la pièce puisse excéder facilement la somme des traitements. Aussi est-il fort rare qu'une brigade n'ait pas d'excédant à partager ; mais cet

criptions volontaires, à tout ouvrier céli-
bataire prenant pour femme une fille pauvre ou dépouvue d'une éducation professionnelle rentrant dans les dispositions de
l'article 1ᵉʳ. On objectera peut-être que
nous arrivons par-là à une intervention
directe de l'Etat. Mais nous répondrons
que la question étant véritablement sociale, l'Etat a intérêt à intervenir, et que
c'est même sa mission.

Il n'est pas difficile de prévoir, d'ailleurs, qu'un jour viendra où, à peu près
seul possesseur des voies et moyens de
transport et ayant ainsi à sa disposition
des capitaux, des ressources et une action
immenses, l'Etat sera par la force des choses le premier et le plus puissant régula-

excédant est plus ou moins élevé suivant l'activité et l'habileté de chacun. Il résulte de ce mé-
canisme, aussi simple qu'ingénieux, que tous
les ouvriers sont intéressés à produire le plus et
le mieux possible ; qu'ils sont tous, dans les limites de ce qui est équitable, associés au succès
de la fabrique, et dès lors non pas hostiles, mais
solidaires vis-à-vis du capital.

teur dans les questions de travail, de salaire et de concurrence, au milieu desquelles se débattent aujourd'hui l'industrie
et les entreprises particulières.

Aussi, quand les ouvriers veulent résoudre toutes ces graves difficultés par
eux-mêmes, c'est-à-dire en se fiant à leur
propre intelligence et à leurs propres forces, ils n'aboutissent à rien, ils font
preuve, en outre, de plus d'inexpérience
que de prévoyance et desavoir.

La peine de mort.

—

Puisque, sans cesse renaissante, elle ne paraît pas avoir épuisé toutes les ressources des sophistes, ni brisé dans leurs mains les armes de l'illogisme et de la déraison, cherchons une des faces multiples de cette intéressante question qui n'ait pas encore été aperçue ni débattue, et occupons-nous de trouver des arguments pour la défendre ; car cette question n'est pas seulement, à notre sens, une question de vie et de mort terrestres, elle touche à la fois aux intérêts sociaux de l'humanité et à ses intérêts divins. Voilà qui va paraître sans doute étrange aux rationalistes, aux positivistes, aux matérialistes et autres publicistes qui, généralement, affectent de ne pas se préoccuper des affaires du ciel, leur mission étant de se tenir courbés sur ce sol sublunaire dont les biens et les jouissances

ont d'ailleurs pour eux un attrait particulier. Nous n'envisagerons donc pas la
question de la peine de mort au point de
vue de la politique, comme l'a fait un jour
M. Jules Favre qui prêchait particulièrement pour son saint, nous essaierons de
traiter cette formidable question au point
de vue social et religieux ; car on a beau
s'ingénier à vouloir séparer ces deux éléments essentiels d'une société qui veut
vivre, — la religion et la morale, — il en faut
toujours venir à discuter et à établir la
corrélation absolue, nécessaire, qui existe
entre ces deux liens, base fondamentale
de toute existence nationale.

Nous n'empiéterons sur le droit civil ou
criminel, dans la discussion que nous
allons aborder, que parce que ce droit
nous paraît être ici le corollaire d'une loi
plus haute. Au fond, il s'agit de savoir si
dans un but de conservation, d'expiation
et d'exemple, la société a droit de vie et
de mort sur l'homme, comme elle l'a sur
sur le citoyen ; en d'autres termes, s'il lui
est permis, religieusement et philosophi-

quement parlant, aussi bien qu'elle en
a le droit juridiquement, de retrancher
de l'humanité , au lieu de l'exclure
simplement de son sein en le mettant dans l'impossibilité de nuire, celui
qui a commis sciemment et avec prémé-
ditation le crime d'un effet irrémédiable,
absolu, éternel dans ses conséquences
terrestres, qu'on nomme le meurtre ?

« Œil pour œil, dent pour dent », a dit
l'Ecriture. Or, c'est à ces termes précis
qu'il faut ramener selon nous cette grande
question. Nous l'envisagerons dans ses
prémisses comme dans ses conséquences,
dégagés que nous sommes de toute idée
préconçue, de tout parti-pris, blanc, bleu
ou rouge ; ne la considérant que sous son
côté élevé et biblique, qui est encore, en
définitive, la plus puissante garantie de
vérité et de justice pour l'exercice d'un
pouvoir dont le corps social a reçu primi-
tivement de Dieu lui-même l'imprescrip-
tible et immuable délégation.

Examinons premièrement les objections
présentées en faveur de l'abolition de la

peine de mort : « Retrancher de l'huma-
« nité, a-t-on dit, au lieu de retrancher
« de la société, ce n'est plus exercer un
« droit social ; c'est usurper un droit
« divin ; c'est non pas anéantir un ou-
« vrage de Dieu, cela est heureusement
« impossible à l'homme, mais c'est en-
« vahir sa providence et sa compétence ;
« c'est briser sous ses yeux un anneau
« de cette grande chaîne qu'il a formée
« pour des desseins bien au-dessus de
« notre intelligence. Or, commettre une
« pareille infraction aux lois de Dieu, c'est
« une bien grave usurpation ; c'est un
« sacrilége, un crime de lèse-majesté di-
« vine, ou alors il n'y a pas de sacrilége,
« il n'y a pas de crime de lèse-majesté
« divine. La peine de mort appliquée par
« la société aux membres dont elle se
« compose — ajoute-t-on, — est un *sui-*
« *cide permanent:* ce serait se montrer, à
« l'égard d'une pareille énormité, d'une
« indifférence honteuse que de persévérer
« à la maintenir dans notre législation. »
Nous sommes heureux de voir nos con-

tradicteurs tenir compte de Dieu dans cette affaire, admettre son existence, sa providence et son intervention, admettre dès lors la révélation et la Bible, en craignant qu'il y ait de la part de l'homme sacrilége, usurpation, crime de lèse-majesté divine, s'il raccourcit un scélérat ; mais nous sommes loin, pour notre compte, de partager les appréhensions sentimentales, les scrupules délicats de nos contradicteurs, car nous nous croyons parfaitement à l'abri derrière le texte du Deutéronome — chapitre XIX, — qui est la parole même de Dieu, et qui est ainsi conçu : « lorsqu'un « homme qui haïra son prochain lui aura « dressé des embûches, qu'il se sera élevé « contre lui et l'aura frappé à mort, et » qu'il se sera enfui dans une ville, alors « les anciens de sa ville l'enverront tirer « de là et le livreront entre les mains du « garant du sang, *afin qu'il meure.* »

On ne saurait être plus précis.

Et d'abord, il faut bien reconnaître que, la peine du talion étant admise, cette épée de Damoclès incessamment suspendue sur

la tête des méchants semble, quoiqu'on
en dise, un assez sûr moyen de défense
— qu'elle est un épouvantail efficace pour
l'homme que l'ardeur de ses passions ou
sa perversité peuvent pousser au crime.
On a beau affirmer que la peur de l'échafaud ne désarme pas le scélérat, qui sait
en quel nombre plus considérable se com-
mettraient les meutres, les empoisonne-
ments et les attaques contre les personnes,
si la peine de mort était abolie; s'il n'y
avait plus, en un mot, ni gendarme, ni
tribunaux, ce rêve de l'âge d'or des dé-
classés de tous les pays ? Dans tous les
cas, que cette crainte ait pour effet de di-
minuer plus ou moins le nombre des cri-
minels, là n'est pas précisément la question, bien qu'on puisse dire que la peine
de mort n'a pas été inventée pour les bons,
mais pour les mauvais de la pire espèce ;
n'importe-t-il pas, avant tout, que toute
société bien organisée soit purgée de sa
lie, comme un vin sain et pur ? quelle soit
débarrassée des membres gangrenés qui
peuvent la corrompre et lui nuire ?

La société, en tant qu'aggrégation d'hommes instituée par une volonté supérieure, la société à reçu de Dieu, lors de sa fondation, la délégation dont nous avons parlé plus haut. Elle a été autorisée dès les premiers âges, par les tables de la loi, à se défendre et à punir, à exercer enfin la peine du talion :

« Si l'accident est *mortel*, tu donneras « vie pour vie, œil pour œil, dent pour « dent, main pour main, pied pour pied. » Telles sont les expressions de Moïse dans l'Exode chap. XXI°, et en édictant ce statut émané d'une inspiration suprême, en traduisant cet ordre divin, Moïse a posé les fondements d'une législation équitable, pleine de bon sens, et éternellement durable parmi les hommes.

Si depuis, les hommes au lieu de se perfectionner sont restés méchants, si leurs mœurs ne se sont pas assez adoucies pour faire un devoir aux législateurs nouveaux de modifier la loi ancienne, il faut s'en prendre à la lenteur du progrès, à la marche tardive de la civilisation, non à la sévérité de l'institution primitive.

Prononcer que la peine de mort est à rayer de nos codes, cela est fort bien comme principe de fraternité et d'humanité ; mais dans l'état actuel de nos mœurs, vouloir la faire disparaître en pratique, ce serait évidemment favoriser ce *suicide permanent* que les partisans de son abolition reprochent à la société vis-à-vis des coupables qu'elle frappe.

C'est ici, d'ailleurs, le lieu de rappeler l'irrésistible argument d'Alphonse Karr, à coup sûr le plus fort et en même temps le plus spirituellement raisonnable qui ait été mis en avant en faveur de la loi : « *Que Messieurs les assassins commencent !* : » c'est à la fois logique et charmant !

Ainsi, au point de vue social comme au point de vue légitime et légal, la nation considérée comme famille, comme association solidaire, ayant des intérêts à sauvegarder et des devoirs à remplir vis-à-vis de ses membres, la nation ne s'attribue nullement un pouvoir exagéré ; elle ne commet aucune usurpation en retranchant du nombre des vivants, celui qui

sans circonstances atténuantes, (aujour-
d'hui, du reste, peut-être trop facilement
admises par les juges,) s'est rendu coupable de mort d'homme. Seulement, la société est tenue d'exercer ces terribles re-
présailles non pas comme une vengeance,
non dans un esprit de haine et de cruauté,
mais à titre de châtiment et d'exemple. Sa
responsabilité est engagée vis-à-vis de ses
enfants, vis-à-vis des bons, particulièrement, qu'elle ne peut vouloir livrer en
victimes aux méchants.

Considérant maintenant la question au
point de vue religieux, il est permis de
croire (et ce doit même être un article de
foi pour tout chrétien), que Dieu rend les
arrêts de son propre tribunal dépendant
de ceux du tribunal terrestre quant aux
conséquences futures de l'expiation, puisqu'il accorde au repentir la rémission de
la faute. La justice humaine, pratiquée
publiquement et sous l'œil du Christ, n'est
ainsi que le premier degré, que la prépa-
ration de la justice divine ; elle en est
l'instrument matériel et saisissant ; mais

celle-ci réserve ses grâces et son pardon
pour le criminel qui paraît devant elle
épuré par la douleur et le sacrifice. C'est
de cette hauteur à la fois humaine et divine qu'il faut, à notre avis, considérer
l'expiation de la peine de mort. Il faut
nécessairement, si nous admettons un
Dieu personnel et l'homme libre, rattacher
le sacrifice de la vie imposé au plus grand
des coupables parmi sa race, à une situation subséquente, rationnelle et conso-
lante ; il faut, en un mot, envisager la
mort juridiquement imposée et subie ici-
bas, comme une dernière épreuve terrestre dont le souverain juge tiendra compte
au supplicié, car, répétons-le avec convic-
tion, tout se tient dans notre condition
humaine, — religion, morale, politique,
comme tout doit se tenir dans notre
condition d'outre-tombe ; — repentir,
pardon, récompense, — l'avenir définitif
de l'homme est là.

Dans notre opinion, les partisans de
l'abolition de la peine de mort partent
d'un principe absolument matérialiste ;

ils! n'envisagent la question que sous
son côté sensible et brutal, sans se préoccuper du point de vue philosophique et
religieux qui est, en définitive, le plus
essentiel en si grave matière.

Ce point de vue est assez pressant et
assez nouveau dans le débat pour que
nous y insistions.

Oui : la justice des hommes prononce
la déchéance *humaine* du coupable, parce
que l'homme qui tue est déchu comme le
fut Caïn après le meurtre de son frère ;
(et ici — convenons que si la Bible n'est
qu'une légende, comme le disent les in-
crédules, cette légende est admirable de
grandeur et de bon sens !) — Mais en faisant du même coup paraître devant le
Suprême Tribunal le pénitent lavé par
l'expiation terrestre, innocenté par les
larmes et le repentir, la justice humaine,
loin d'usurper la justice de Dieu, met au
contraire le Souverain Juge à même, ainsi
qu'il en a seul le droit et le pouvoir, de
pardonner à Caïn la mort de son frère.
Remarquez que la société n'a pas à se

préoccuper de l'endurcissement ou du
repentir, dans le crime de lèse-humanité,
elle n'a et ne doit avoir en vue que l'expiation légale. Or, l'expiation, d'après la
donnée religieuse, est le chemin du repentir, et le repentir humain est la voie
de la réhabilitation céleste. Cela est si
vrai que la justice humaine serait sans
pouvoir et sans autorité pour réhabiliter,
dans notre société actuelle, un coupable qui revivrait après avoir subi le dernier supplice. La conscience et la morale publique ne répugnent-elles pas
déjà à la réhabilitation du galérien qui
a fait son temps? Quel est le forçat qui
a pu, après avoir subi sa peine, recon-
quérir l'estime de ses concitoyens? Donc,
on s'abstenant de condamner à mort
un assassin, un coupable avéré, la société s'arrogerait un droit qui ne saurait lui appartenir, — celui d'innocenter,
de pardonner implicitement une faute
qui, parmi les hommes, doit s'expier
par le talion, (suivant la loi du plus ancien comme du plus sage législateur),

mais dont la rémission est le privilège de Dieu seul.

Tel est, suivant nous, le côté sous lequel il convient surtout d'envisager la peine de mort. Qu'elle soit abolie en théorie, en politique même, lorsque le sang n'a pas été versé, nous le concédons.

Dieu a dit à l'homme : « *Tu ne tueras point* ». Il n'a pas dit à la société : « *Tu ne le défendras point : tu pardonneras le meurtre.* » Il lui a formellement recommandé le contraire ; et ce sentiment du châtiment, de l'expiation du crime, est tellement instinctif que l'homicide fuit et se cache, parce qu'il sait d'avance que la société lui demanderait : « *Qu'as-tu fait de ton frère ?* », parce qu'il sait que son acte provoque une revendication terrible de la part du corps social qu'il a blessé dans la personne d'un de ses membres, dont il a transgressé la loi, dont il a troublé l'ordre et l'harmonie, dont il a encouru la vindicte en même temps que la répulsion et la haine. Et puis : voudriez-

vous que celui qui a tué, et dont le cœur
serait bourrelé de remords portât toute
une longue vie sur la conscience et dans
son âme, le lourd fardeau du crime ? Vou-
driez-vous qu'il eût devant les yeux, pendant cinquante ou soixante ans peut-être,
le spectre de sa victime lui demandant
grâce ? Les grands coupables, ceux qui ne
sont pas foncièrement pervers, sitôt qu'ils
ont été touchés par la grâce du repentir
ont un véritable besoin de l'expiation ; ils
la désirent ; ils la réclament ; ils l'appel-
lent à grands cris. Ils sentent bien qu'ils
n'appartiennent plus à la société ; qu'ils
ne font plus partie de la famille humaine ;
que la terre n'est plus pour eux une patrie. La monstruosité de leur action mau-
dite les effraie ; ils aspirent à une misé-
ricorde plus haute que celle des hommes.
Retarder pour eux l'heure de la réhabilitation supérieure, serait se montrer mille
fois plus barbare, mille fois plus injuste
et fatal que de les conduire à l'échafaud,
car lui seul leur présente désormais, avec
la fin d'une existence qui ne saurait plus
être pour eux qu'un horrible supplice,

l'unique moyen de se réconcilier avec les hommes, avec eux-mêmes et avec Dieu.

Mais autrement, il faut attendre que notre société soit composée d'agneaux, qu'elle ne soit plus qu'une pastorale couleur de rose, qu'elle soit conduite, comme a dit Victor Hugo, par Eschyle, Sophocle, Isaïe, Job, Pythagore, Pindare, Plaute, Lucrèce, Virgile, Juvénal, Dante, Cervantes, Shakespeare, Milton, Corneille, Racine, Molière, Rousseau. Jusque-là, c'est-à-à-dire tant et aussi longtemps que le corps social verra grouiller chez lui les tigres et les panthères, tant que la civilisation produira des hommes comme Néron, Caligula, Claude, Marat, Robespierre, Fouquier-Tinville, Mingrat, Papavoine, Castaing, Lacenaire et Troppmann, il est de son devoir, et il y va de son salut, de se garer de pareils monstres. Tant que le bien, le beau, la vertu, l'honnêteté, la vie, pourront être reniés, persécutés, avilis, exposés, arrachés pour un oui ou pour un non par une foule de misérables sans foi ni loi ; tant que le soleil d'Arcadie ne

luira pas pur et sans taches sur l'espèce
humaine, ce sera une imprudence dangereuse, une naïveté aussi ridicule qu'im-
pardonable, de mettre la guillotine sous
la remise, — la guillotine, — ce palladium
nécessaire, cette sauvegarde efficace et
formelle du grand principe humain comme
du dogme fondamental de la loi divine qui
a dit : « tu ne tueras point ! »

L'auteur du *dernier jour d'un condamné*
a cependant caressé de rechef, avec
amour, sa théorie de l'abolition de la peine
de mort, dans un travail récent, qui nous
paraît être pour lui plutôt un texte à effets
dramatiques qu'un foyer d'arguments nouveaux. « L'homme est puni, dit-il ;
« c'est bien ; il est mort ; c'est bon,
« Mais qu'est-ce que cette femme du guil-
« lotiné ? C'est une veuve ; et qu'est-ce
« que ces enfants ? des orphelins ! » (Comme
si nous ne laissions pas tous les jours après
nous des veuves et des orphelins, sans
avoir eu l'avantage d'être guillotinés).
Victor Hugo reprend : « Le mort a laissé
« tout cela derrière lui ; veuve et orphe-

« lins, c'est-à-dire punis et pourtant in-
« nocents ! » Triste argument, à notre
avis. Plus loin, il ajoute : « Famille sans
« père, famille sans pain ! et voilà la veuve
« qui se prostitue pour vivre, et voilà les
« orphelins qui volent pour manger ! »
Argument plus faible encore, car si, au
lieu d'occire le criminel, vous vous con-
tentez de lui faire un beau sermon en l'en-
voyant à Nouméa ou à Cayenne pour le
restant de ses jours, nous sommes tout de
même exposés à rencontrer cette veuve
le soir...

« Exceptt blanda intrantes, atque æra poposcit... »
et ces enfants volant du fromage ou des
fruits sur le carreau des halles. Que ce
père monte à l'échafaud ou qu'il soit tout
simplement déporté dans la Nouvelle-
Calédonie, cette veuve et ces enfants n'en
seront pas moins la veuve et les enfants
d'un assassin.

Or, est-il besoin de rappeler ici, à l'appui de la cause que nous défendons, ce
vers à la fois si énergique et si profond ?

Le crime fait la honte et non pas l'échafaud !

Qui : C'est parce qu'il a assassiné, et non pour être monté sur l'échafaud ou avoir été fusillé, que la veuve, que les enfants, que la famille de ce grand coupable seront honnis, repoussés, réprouvés, sans asile, sans pain, sans consolations et sans espérances. Le coupable, (qui ne l'ignorait pas), n'a-t-il pas encore par cela même aggravé sa faute, rendu son forfait plus horrible ? Ne vous y trompez pas, malfaiteurs indignes du nom d'homme : c'est votre crime qui déshonore et rend vos familles malheureuses : ce n'est pas votre condamnation expiatoire.

Il importe donc de rétablir ici la question en la montrant sous son véritable jour, en plaçant en face de la plus fausse théorie et de la doctrine la plus malsaine, l'impérissable et éclatante lumière de la justice et de la morale.

La justice, la voici : « *Tu ne tueras point.* »

La morale, la voilà : il faut au crime, impardonnable parmi les hommes, une expiation terrestre qui offre au coupable un moyen de se repentir et de trouver pardon devant Dieu.

Hors de ce raisonnement religieux et sensé, il n'y a que principes d'un ordre matériel et vulgaire, théorie dangereuse, brillantes antithèses, éblouissants jeux de mots, pauvres syllogismes et redondants paradoxes.

FIN

OUVRAGES DU MÊME AUTEUR

~∘⟪∵⟫∘~

LE PARFAIT DOUANIER CIVIL ET MILITAIRE, 1 vol. in-12, 2ᵉ édition.
SIMPLES NOTIONS D'ÉCONOMIE POLITIQUE ET SOCIALE, 1 volume in-18.

Littérature.

LES PRIMEVÈRES poésies, 1 vol. in-18.
LES PREMIÈRES NEIGES, poésies, 1 vol. in-18.
UNE REINE D'UN JOUR, roman, 1 vol. in-8°.
GENEVIÈVE D'AVENELLES, roman, 1 vol. in-18.

Beaux-Arts.

LES LEÇONS DU PORTIQUE, 1 vol. in-8°.

En préparation :

POÉSIES COMPLÈTES, 1 vol. elzévirien in-12.
NATIONALITÉ FRANÇAISE AU XIXᵉ SIÈCLE, 1 vol. in-8°.
COUPS DE PLUME PHILOSOPHIQUES ET LITTÉRAIRES, 1 vol. in-8°.
QUESTIONS RELIGIEUSES ET SOCIALES, 1 vol. in-8°.
LA CHAMBRE DE ROBINSON, roman, 1 vol. in-8°.

www.ingramcontent.com/pod-product-compliance
Lightning Source LLC
Chambersburg PA
CBHW060547210326

41519CB00014B/3376